学び合いで授業をアップデート

AI時代の国語授業のつくり方

細川 太輔［著］

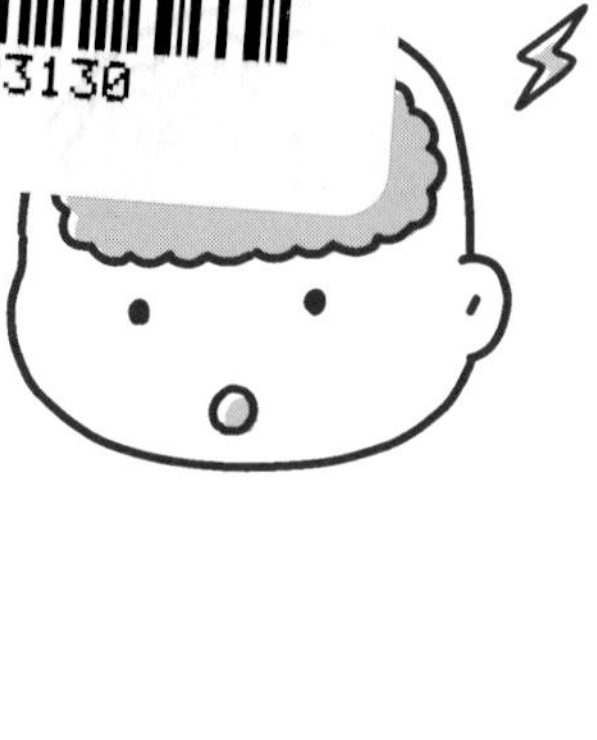

学陽書房

はじめに

時代が急激に変化しています。実際、20年前は携帯電話でやっと文字情報をメールで送れるようになった程度でしたが、今ではスマートフォンで写真や動画を送るだけではなく、本を読んだり、音楽を聞いたり、地図を見たり、たくさんのことができるようになりました。もはやスマートフォンなしでの生活が想像できなくなってきています。

また、ＡＩが発達し、多くの職業がなくなると予想されています。実際、30年前は駅の改札では人が切符にハサミを入れて出入りを管理していましたが、今では自動改札がほとんどになりました。これからも、ＡＩの進歩により、機械がすることが増えていくでしょう。

グローバル化も進んでいます。日本にたくさん外国の方が観光や仕事のため訪れたり、日本で生活したりするなどして、文化的背景の違う人と一緒に活動や仕事をしなくてはいけなくなってきました。

これらの変化をまだ実感できずにいる読者の方もいることでしょう。しかしこのような変化は既に始まっています。筆者が毎年訪れているアメリカでは、既にレジがないコンビニエンスストアがあったり、アプリケーションを入れれば誰でもタクシーの運転手になれるようになったので、タクシー会社が潰れそうになったりしています。アメリカとインドではクラウドを用いて仕事を共有し、24時間体制で仕事を進めていたりします。このような社会で教育を受けている子どもたちと、日本の子どもたちは大人になったときに勝負しなくてはいけません。

しかし日本の教育はまだ改革を始めたばかりです。現在の社会、あるいは一昔前の社会で必要とされていた、知識や技能を取り出しそれを効率よく身につけさせるという発想の教育が、まだ多く行われています。そのような知識や技能を子どもが身につけたとしても、その子どもが大人になったときには既にその知識や技能は時代遅れになっていることでしょう。

また、コミュニケーションの問題も起こってくるでしょう。文化的背景の異なる人と子どもたちはコミュニケーションをする必要が出てきます。そのときに現在の日本で正しいとされているコミュニケーションの技能を使ってコミュニケーションをしてもきっとうまくいかないでしょう。相手がどのようなことを考え、どのように伝えれば相手が理解してくれるのか、その都度考えていくしかありません。

本書はそのような新しい時代に必要な「言葉をどう使うべきか考える力」を、国語科の授業で育成していくことを提案するものです。そんなことを言うと、とても難しいことをしなくてはいけないのかと読者の方は思われるかもしれません。

しかし、大丈夫です。

今までの国語科の授業を全く変えなくてよいとは言いませんが、日本の学校教育のレベルはとても高いので、今の授業の方法を少し変えるだけでできることが多くあります。そのようなことを積み重ねていけば、子どもたちが未来でも活躍できるようになるはずです。

本書ではまず、今求められる「言葉の力」とは何かを1章で説明します。2章では、達成するためにどのような授業の工夫をすればよいかを具体的にアドバイスします。そのことで読者の方が授業を少しだけ変えて、子どもたちに未来を生きる力を育ててくださることを心から祈っています。

細川　太輔

◆目次

1章 言葉をどう使うべきか考える授業 23

3章 言葉とイメージを結びつける授業

4章 様々な立場から考えて言葉を使う授業 95

5章 言葉を使いたくなる授業

序章

AI時代に必要な5つの力と態度

複雑化している現代、表面的な言葉の力ではますます対応できなくなってきています。それではどのような力が求められているのでしょうか。具体的な授業改善のイメージと共に説明していきます。

1 言葉をどう使うべきか考える力

BEFORE
お手本の通り言葉を使う

時代が変わり、覚えたことが将来使えない

✖「正しい」言葉の使い方を教える

✖ 目的がなく、なぜそうするのかを考えさせない

✖ 全員が悩まずに成功するようにさせる

✖ 成果物さえよければOK！

↓
1章「言葉をどう使うべきか考える授業」（23p）へGO！

AFTER
どんな言葉を使うべきか考える

考える力が身につき様々なケースに対応可能

- 目的や相手に応じて「伝え方」は変わる
- 目的からどうすればよいか考えさせる
- 悩ませて考えさせてから、成功させる
- 成果物より考える過程が大事

2 協力したり道具を使ったりして言葉を使う力

BEFORE
協力せずに一人で言葉を使う

協力すべきことを一人ですべきと思い込む

- ✖ 一人で考えるのが重要だと思っている
- ✖ 友達と相談できない
- ✖ わからないことを調べようとしない
- ✖ ICTを使えない

↓2章「協力したり道具を使ったりして言葉を使う授業」（47p）へGO！

AFTER
助けられながら言葉を使う

協力の大切さを学び、協力する力が身につく

- 友達と相談することが重要と思っている
- 誰とでも相談できる
- 調べながら読んだり、書いたりできる
- ICTを用いて理解・表現できる

3 言葉とイメージを結びつける力

BEFORE 文字の表面上の意味だけわかる

言葉は読めるがイメージできない

- ✖ すらすら音読はできるが、気持ちをこめて音読できない
- ✖ 具体的なイメージと結びつけられない
- ✖ 自分の思いをもてない
- ✖ 言葉のつながり（論理）がわからない

3章「言葉とイメージを結びつける授業」（71p）へGO！

AFTER
文字とイメージを結びつける

具体と結びつけて言葉を使うのでイメージできる

「おおきなかぶ」
(光村図書『こくご一上』令和2年度版)

- 言葉をイメージしながら、気持ちをこめて音読できる
- 動作化などで表現できる
- 自分の経験と結びつけて意見を言える
- 論理を理解して言葉を使える

4 様々な立場から考えて言葉を使う力

BEFORE
自分のみ

4人の意見が違うのでまとまらない

- ✖ 自分の立場からしか意見が言えない
- ✖ 自分の理解を正しいと思いこむ
- ✖ 意見が違う相手を攻撃する
- ✖ 書かれている文章のみに注目する

↓ 4章「様々な立場から考えて言葉を使う授業」（95p）へGO！

AFTER 様々な立場から考えて言葉を使う

自分とは違う立場から考えると話がまとまる

- 様々な立場から意見を言える
- 自分が何か抜かしていないかを考える
- 意見が違う相手を受け入れる
- 文章の背後にある筆者の意図を考えながら読む

5 言葉を使いたくなる態度

BEFORE
言葉が使えるようになるだけ

ごんぎつねを読んで
ごんの気持ちの変化が
わかったぞ……

「読む力」をつけても日常生活に繋がらない

でも別に本を
もっと読みたいとは
思わないなぁ……

- ✖ 読書や作文が嫌い
- ✖ 言葉について特に重要性を感じていない
- ✖ 友達から意見をもらうのが嫌い
- ✖ 学校での学びを生活に活かさない

↓ 5章「言葉を使いたくなる授業」（119p）へGO！

AFTER
言葉を使いたくなる

授業で身についた言葉が日常に生きてくる

- 読書や作文が好き
- 言葉のおもしろさと有用性を感じられる
- 友達から意見をもらうのが好き
- 学校での学びを生活に活かせる

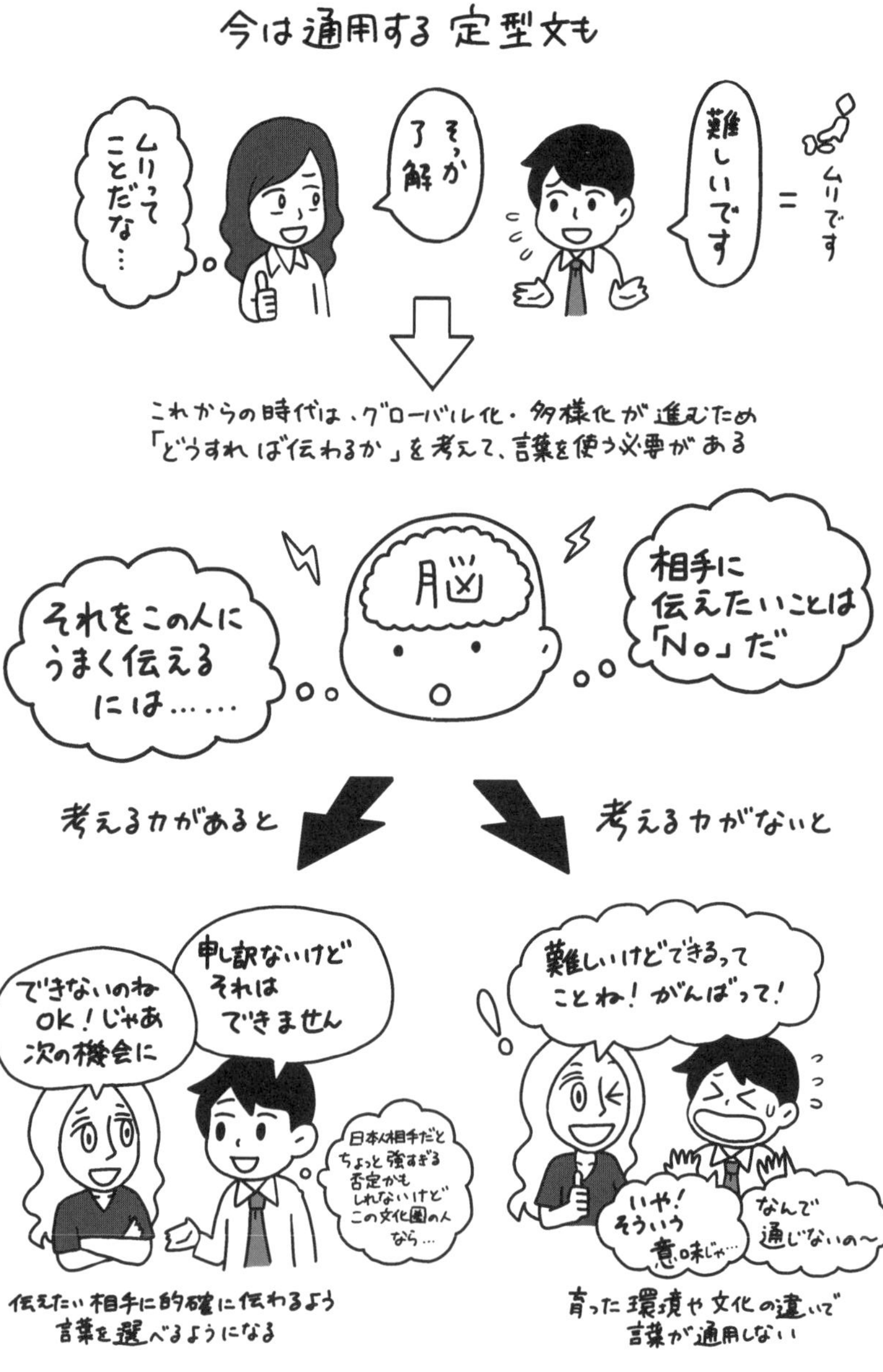
今は通用する定型文も
ムリってことだな…
そっか了解
難しいです
＝ムリです
これからの時代は、グローバル化・多様化が進むため
「どうすれば伝わるか」を考えて、言葉を使う必要がある
脳
それをこの人にうまく伝えるには……
相手に伝えたいことは「No」だ
考える力があると
考える力がないと
申し訳ないけどそれはできません
できないのねOK！じゃあ次の機会に
日本人相手だとちょっと強すぎる否定かもしれないけどこの文化圏の人なら…
伝えたい相手に的確に伝わるよう
言葉を選べるようになる
難しいけどできるってことね！がんばって！
いや！そういう意味じゃ…
なんで通じないの〜
育った環境や文化の違いで
言葉が通用しない

1章

言葉をどう使うべきか考える授業

変化が激しく、価値観が多様になってきている現代社会では、完璧な伝え方というものは存在しません。どのようにすれば伝わるのかを考えて、適切な伝え方を見つけていく力を育てることが重要です。

1 言語活動に目的をもたせよう

見本の「伝え方」を覚えるという方法では、自分とは考え方の異なる人とのコミュニケーションには通用しません。また、社会の変化が激しいので、子どもが大人になったときには学校で習った伝え方はもう通用しなくなってしまうかもしれません。

◆なぜ目的が重要か

これからの時代は、**どうやったら個々の相手に自分の意見を伝えられるのかを考え、その場で適切な伝え方を考える能力**が必要になってきています。そこで重要なのは、子どもに何のためにその活動をするのかはっきりと理解させることです。

例えば「おもちゃの作り方をせつめいしよう」（光村図書『国語二下』令和2年度版）で、実際に説明書を書くとします。教科書に書かれているように書きましょうと指導すると、子どもは教科書の書き方で説明書を書きます。表面上はいい文章が書けていますが、それで本当に子どもに力がついたと言えるでしょうか。

これまでは、教科書に載っている「よい文章」を覚えれば、大人になってコミュニケーションに困ることはほとんどありませんでした。しかし現在では、例えば会社に勤めたときや国際的なやりとりをするとき、覚えた書き方では通用しなくなることもあるでしょう。大切なのは「目的」です。何のためにこれを書くのかを理解し、どのように書けばよいのか考える力をつけることが必要です。

◆目的を明確にすると

目的を明確にすると、子どもはどのように書くべきか自分で考えることができます。

例えば、おもちゃの作り方の説明書を書くとき、おうちの人と自分が遊ぶために書くのか、おもちゃの作り方をいろんな人に広めるために書くのかでは、当然書き方が変わってきます。おうちの人向けであれば「一緒に遊ぼうね」と書き終えるでしょうし、いろんな人に広めるのであれば「ぜひ作って遊んでみてください」となるでしょう。大切なのは一つの「書き方」だけを覚えるのではなく、**どう書くかを思いつく「思考力」を育てること**なのです。

お父さんといっしょにつりゲームがしたい!
おもちゃの説明書
私は妹につくってみてほしいな

目的がはっきりしているとどう書けばいいかわかってくる

2 ゴールイメージを明確にしよう

言語活動に目的をもたせ、子ども自身が考えて何をどのように書くのか決めることは、子どもの主体的な学びのためにとても重要です。しかし具体的なゴールイメージがないと、子ども自身が目的をもって考えることは難しいです。

◆ゴールイメージをもつとは

ゴールイメージをもつとは、**その成果物がどのように活かされ、相手がどのようにそれを受け取るのか、具体的にイメージをもつこと**です。

例えば、2年生が現1年生に、学校探検をうまくできるようアドバイスカードを書くとします。2年生は自分が伝えたいこと、おすすめの場所等を書くでしょう。しかし、学校探検直前の1年生は、違う情報がほしいのではないでしょうか。

例えば、当日までにどんな準備をすればいいかなど、1年生が「学校探検をう﹅ま﹅く﹅す﹅る」ために必要なことを知りたいはずです。しかし、子どもはやはり自分が伝えたいことを優先してしまうので、伝えたいことが相手の知りたいこととずれてしまうことがあります。それを解決するために、ゴールイメージを明確にすることが必要です。

◆まず教師が実際にやってみる

では、ゴールイメージをもたせるにはどうしたらいいのでしょうか。一番のおすすめは、予め**教師が一度言語活動を最初から最後まで体験してみること**です。そのことで教師自身がまずゴールイメージをもてます。先ほどの例の場合であれば、新1年生にアドバイスカードを渡して感想を聞いてみると、予想しなかった感想をもらい、どう書くべきか明確になることもあるでしょう。また完成した成果物を子どもに見せられるというのも大きいでしょう。

それにより子どもは、言葉による説明を聞く以上にしっかりとイメージをもつことができます。子どもは教師が作った成果物を見て、多くのことを学べることを意識しましょう。

先生が試しに書いてみたよ
1年生は準備で何をしたらいいのか知りたかったらしくよろこんでくれました
アドバイスカード
準備のことを書いて1年生によろこんでもらいたぃな

明確なゴールイメージは
子どもが考えるヒントになる

3 学習計画を立てさせよう

言語活動に目的をもたせ、ゴールが明確になったとします。しかし、それだけではうまく思考できない場合があります。特に、長い単元になると、本時ですることを単元の最後のゴールに結びつけるのが難しくなります。

◆学習計画とは

ゴールイメージが明確になっても思考がうまく働かない場合は、**ゴールに向かってどのように進んでいくのかをまとめた「学習計画」を子ども自身が立てること**が有効です。

学習計画とは、単元のゴールを達成するために、どのように毎時間学習していくかを計画することです。

例えば、「大造じいさんとガン」（光村図書『国語五』令和2年度版）を読んで、本の帯を作ることを目的とした言語活動をするとします。教師が実際に本の帯を示し、ゴールイメージも明確になりました。しかし、子どもはどうやってそこにたどり着けばいいのかがわかりません。そこで教師と一緒に、毎時間何をするのか計画を立てると、どのようにして成果物を作り上げればいいかがわかるようになります。それが学習計画で得られる思考です。

◆学習計画例

学習計画は、大まかなものでもよいでしょう。ポイントは、各時間がゴールにつながっていることです。

1	学習計画を立てる
2、3、4、5	「大造じいさんとガン」を読み、情景描写、人物像に着目して本の帯の文章をいくつかノートに書いてみる
6、7	自分のおすすめしたいところで本の帯を作って交流する

単元のゴールと毎時間の目的をしっかりつなげて、学習計画を子どもとともに立てましょう。

今、何のために、何をすべきか
子どもがわかるようになる

4 1回は困らせよう

言語活動に目的をもち、ゴールを明確にし、学習計画も立てられたとします。しかし、子どもに「考えるきっかけ」がないと、子どもは一人ではなかなか考えようとはしません。

◆なぜ困らせるのか

前にも述べましたが、**大切なのは上手な言語活動ではなく、言語活動の中でしっかりと考えさせることです**。そのための**きっかけとして、子どもを困らせることが重要**です。

多くの先生方は親切なので、子どもが途中で困らないようにいろんな手立てを講じます。しかしそれでは、子どもが考えるきっかけを奪ってしまうことになります。なぜなら子どもは、困ったときにこそどうしたらよいかしっかりと考えるからです。間違えやすいポイントを先に示してしまうと、子どもは考えるきっかけを失ってしまい、せっかくの考えるチャンスが台無しになってしまうのです。

例えば3年生が2年生に、3年生の学校生活のことを伝えるのに何を言えばいいか話し合うとします。そこで、理由を言うことを大切にして「ぼくは図工室のことを言えばいいと思います。なぜなら2年生は図工室に行ったことがないからです」「私はシーサーを作ることを言えばいいと思います。なぜならこの学校では毎年3年生でシーサーを作り、とても楽しかったからです」と言ったとします。

ここで子どもは、どの意見もそれなりの理由があるので選べなくなってしまいます。これが、教師が導くべき「困った状態」です。

◆失敗から学ぶを大切に

大切なのは、失敗から学ぼうという態度の育成です。まずは一度やらせてみれば、子どもは少なくとも1回は困ることになり、そこから考えようとするでしょう。教師は子どもがどこでつまずくかを予想し、そこで子どもが何を学ぶかを想定します。子どもをあえて困らせて、考えるきっかけとすることがポイントです。

2年生に学校のことを伝えよ
。まずは先生のヒントなしで考えよう
困ってるな……
2年生に何を伝えるとよいかな？
図工室！
シーサー！
どれも良くて困るなぁ……

困ることは悪いことではなく、問題を発見できた！　と捉えよう

5 対応策を子どもと一緒に考えよう

子どもが言語活動中に困り、考えるきっかけを得ても、適切な方法が見つからなければ、やる気を損なってしまいます。一度は困っても最後には成功させることが、子どもの学びに向かう力を育成するために重要です。

◆成功させるには

子どもが言語活動中にする失敗には、教師が予想できるものと予想できないものがあります。予想できるものであるならば、それを解決できるヒントを教室に配置するなど仕込んでおくといいでしょう。また教室にあるヒントだけではなく、友達との学び合いで克服できる場合もあります。子どもが困ったときのことを想定し、いつでも友達と相談してもいいようにしたり、この子どもがこの問題で困ったときは誰と学び合わせるか等を予め考えておいたりすると有効でしょう。

例えば30ページで挙げた、3年生が2年生に学校生活を伝える話し合いの授業では、先生が前もって発表の目的は「3年生になるのが楽しみになること」と明確にして、黒板に書いておきました。その目的を子どもたちは見て、楽しいものを優先しようと思いつき、シーサーにすることにしました。

まずは教師からではなく、**子ども同士で解決できるようなしかけを準備しておく**ことで、子どもも自分たちの力で解決できたと自信に思うことができるでしょう。

◆予想外の「困ったこと」は子どもとともに

すべての「困ったこと」が予想できるわけではありません。子どもが真剣に学んでいればいるほど予想外の問題は起こると考えられます。

そのときは**教師が積極的に相談に乗る必要がある**でしょう。子どもが何でつまずいているのか、それはどうやったら克服できるのか、教育の専門家としてアドバイスをすることが重要です。

例えば話し合いで目的を明確にしていても、同じぐらい楽しい選択肢があれば子どもは困ってしまうので、二つ目に「大切にすること」を決めるなど別の手立てが必要になります。完ぺきな手立てはないので、教師が即興的に指導することが重要です。

困ったことから解決策を導き出し、
子どもの「学びに向かう力」を育てる

6 振り返りの意味を理解させよう

子どもが言語活動中に困り、考えるきっかけを得て、それにより目的を達成できたとします。しかし、そこで学んだことを言語化し蓄積していかなければ、自分がどうして解決できたのか理解できないため、次回に活かせません。

◆振り返りとは

子どもに確かな学びを蓄積させていくには、振り返って何を学んだのか言語化させることが必要です。しかし、子どもにただ「振り返りましょう」と言っても、子どもたちは楽しかったという感想しか出せず、次につながらないのではないでしょうか。

それを変えるには、「振り返りとは何か」をしっかり子どもに理解させる必要があります。そのためには、振り返りでは**自分がどんな問題にぶつかり、どんなことを考え、どう解決していったのか**を書かせるとよいでしょう。

例えば、「大造じいさんとガン」（光村図書『国語五』令和2年度版）を読む活動で、「情景描写に注目して読む」という学習をしている際に、「おもしろかった」と感想を書くのではなく、「最初はただの景色だと思って読んでいたが、赤を作者がいろんな場面で使っているのに気づき、赤が命の大切さを表しているのではないかと考えるようになりました。今後も色に注意して情景描写を読んでいきたいです」のように書けるとよいでしょう。ただ受け身な感想だけではなく、どう自分が感じたのかまで掘り下げ、今後の読書活動に活きるような読み方になっているからです。このような振り返りの書き方を子どもに繰り返し教え、振り返りではどういうことを書けばよいのか少しずつ理解させていくことが重要です。

◆観点を絞って振り返らせる

子どもに振り返る観点を絞って書かせるのも有効です。先の実践であれば、「情景描写の読み方で学んだことについて振り返ってみましょう」と発問することで、子どもは内容的な感想だけではなく学習で学んだことについて振り返ることが重要だと理解するようになるでしょう。

観点を絞ることで学びの振り返りが絞られ、言語化される

7 クラスで学んだことを共有しよう

子どもが言語活動中に困り、それを解決し、振り返りでその思考を言語化できたとします。ここまでできれば十分なのですが、それをより効果のあるものにするには、「クラスで学んだことを共有する」のが有効です。

◆友達の学びを自分の学びに

なぜクラスで学んだことを共有するのでしょうか。それは、**一人では気づけなかったことを友達が気づいているかもしれないから**です。

例えば、筆者が1年生を受け持ったときに、質問するにはどのように人の話を聞けばよいか、子どもと話し合ったことがあります。そこである子どもは、「手をひざにおいて聞く」という態度面のことを挙げていました。その後、ある子どもは「頭の中でイメージしながら聞く」と思考面のことを挙げてくれました。

態度面のことしか頭になかった子どもは、思考面のことを挙げた子どもの意見を聞き、「どのように聞いているように見えるか」よりも「しっかり考えて聞く」ほうが大事だと気づけたのです。友達の発言を聞いて、自分の学びにすることができたと言えるでしょう。

ある子どもが発見した学びを、一人だけのものにするのではなく共有することは、個人の学びを広げることにつながります。

◆個人の学びをクラスの共有財産に

せっかくなので、クラスで見つけた学びは、クラスの共有財産として画用紙などに記録し、掲示しておくとよいでしょう。そうすると、いつでも子どもが思い出せるだけではなく、**自分たちで見つけた学びがクラスの財産になる**んだ、今度は自分が発見してクラスに残したいという思いが強まります。

そのことにより、クラス全体で学びをつくっていこうという気持ちが高まり、クラスが学び合う集団に成長していきます。

クラスで見つけた共有財産として貼り出し、学び合う集団にする

8 抽象化して話し合いをさせよう

これまで、学習過程ごとに自ら考え言葉の使い方を発見していく学び方を説明しました。この7つができていれば十分ですが、さらに学習を深めるため必要なのが「抽象化して話し合う」ことです。

◆話し合いの抽象化を

子どもが話し合うと、具体的な提案の選択になり、議論が進まない場合があります。

例えば、「6年生が1年生と一緒に遊ぶときに何をすればいいか」という話し合いで、おにごっことドッジボールという案が出たものの、まとまらないときがあります。こうした場合、**一度提案を抽象化し、本質を明らかにするとよい**でしょう。おにごっこは全員が安心して参加して遊べますが、ドッジボールは怖いと思う子がいるかもしれません。逆におにごっこだと物足りなく思う子がいるかもしれません。つまり安心・安全か、盛り上がりかという論点になります。

このように、おにごっこかドッジボールか、という論点を一度抽象化し、安心・安全か、盛り上がりか、という本質についての話し合いができるよう指導していくことで、いろんな問題解決がスムーズになります。

◆子どもたちに抽象化する能力を育てるには

しかし、話し合いの抽象化を子どもにさせるのはとても困難です。そこで、最初は教師が見本を見せるといいでしょう。子どもが話し合っているときに、**「要するにこの話し合いは、〇〇か□□かという話し合いだよね」**と整理してあげて、話し合いの抽象化が有効だと子どもに気づかせます。それを積み重ねていくと、子どもも話し合いとはそういうものだと考えるようになり、子どもが「要するに……」と言うようになります。

そうなったらしめたものです。子どもに話し合いの司会をさせ、途中で司会に「要するにどういう話し合い？」と発問すれば、子どもは抽象化できるようになるはずです。

具体⇔抽象の往復によって
思考が深まる

9 新しいアイデアが出るクラスにしよう

これも高度な活動なのですが、話し合いで新しいアイデアが出てくることが重要です。つまり、既存の、Aがいいか、Bがいいかという話し合いに終始するのではなく、子どもが新しいCというアイデアを出すことです。

◆新しい意見を出すこととは

日本の話し合いはどうしても、Aがいいか、Bがいいかという議論になりがちです。子どもたちはAがいい理由、Bがいい理由について様々な角度から分析し意思決定していきます。確かに、慎重に理由を出し合って吟味し、丁寧に意思決定をすることはとても重要です。しかし、この変化の激しい現代では、**AかBかという二者択一の話し合いではなく、新しいCの意見を出すことも重要**になってきています。

これを国語学習の場面で言えば、例えば、6年生が1年生と遊ぶのに、ドッジボールがいいかおにごっこがいいかという話し合いをする中で、新しい遊びを考え出すようなことです。それぞれの長所が両方残せるような新しい遊びをつくり出すことができれば、それは変化の激しい社会に対応できる言葉の力を身につけられたと考えてよいのではないでしょうか。

◆新しい意見を出させるには

日本人は、改善が得意だが新しい意見を出すのが苦手だ、と聞いたことがあります。その真偽はともかく、学校教育では新しい意見を出す話し合いの授業が少ないこともあるのではないでしょうか。筆者自身、選択に留まる話し合いをさせてしまっていた記憶があります。

新しい意見を出すためには、失敗してもいいんだと子どもが安心することが重要です。新しい意見の中で、うまくいくものはほんの一握りです。ですから、失敗しても当然と子どもに理解させ、新しい意見を怖がらずに出させることが重要です。安心さえあれば子どもはどんどん新しい意見を出してくれるものです。AかBかでなく失敗してもいいからCを出そうという雰囲気のクラスにしましょう。

失敗を気にせずどんどん
新しいアイデアを出させる

10 具体化して考えさせよう

これも少し高度ですが、話し合いで新しいアイデアを出そうというときに、具体化して考えさせるとうまくいくことが多いです。先ほど挙げた抽象化と矛盾すると考える読者もいるかもしれませんが、抽象と具体の往復が重要なのです。

◆具体化して考えさせるとは

意見を伝えたり話し合ったりする際に、言葉だけで考えていると、どうしても問題を見落としてしまったり、ゴールイメージがあってもそれがうまくできなかったりする場合が多くあります。できれば話し合いの途中や最後に**一度、自分のアイデアを具体化し、それで本当にいいのかどうか考えること**が重要です。

例えば38ページの例で、6年生と1年生が一緒に遊ぶとき、おにごっこのタッチの代わりにやわらかいボールを当てるドッジおにという遊びを開発したとします。これを「思いついて終わり」にするのではなく、実際にそれで遊んでみることが重要なのです。

この新しい遊びによって盛り上がる上、安全に遊べるものの、一年生に当てるときには、より配慮してハンデを設け、やさしく下投げでなければいけないルールにしようなどと、さらなる改善が見えるかもしれません。

◆具体化することの価値

どうしても、話し合いさえしっかりすればよく、具体化しないほうが楽だという意見もあるでしょう。そんな時間がとれないという意見もあるでしょう。

しかし、具体化しないで意思決定する怖さを、今後子どもたちは社会に出て嫌というほど味わうことになります。**新しい意見ほどしっかり具体化してテストをする**ことが重要なのです。「テストする」ことのよさを学ぶという意味でも、子どもたちには具体化させ、それが本当によいかどうか検証する時間をとりましょう。

実際にやってみると
新しい課題が見えてくる

授業例❶ おもちゃの作り方の説明書を書こう

１章では変化の激しい社会、多様化する社会に対応するために言葉をどう使えばいいか考える力を育成するポイントについて説明してきました。そのような考え方を導入した実践例をここで紹介します。

実践概要
おもちゃの作り方の説明書を書く言語活動。

目的設定
おうちの人に説明書を読んで作ってもらい、一緒に遊ぶこと。

「おもちゃの作り方の説明書を書く」という言語活動は、小学校2年生でよく行われている学習です。大切なことは、お手本に沿って書くのではなく、自分でどのように書けばよいか発見して書くことです。

目的を子どもに理解させるには、まず教師が、あるおもちゃの作り方の説明書を書き、子どもにそれを読んで作って遊んでもらいましょう。これで子どもはゴールイメージがしっかりもてるようになる上、意欲も高めることができます。その上で、体験をもとに学習計画を立て、完成までの道筋を明らかにします。

❶おもちゃを選んで説明書を書く

・「はじめに」「つぎに」などの順序の言葉を使わせる。
・写真を使う。このとき、写真カードは教師が用意する。
・一文を短く、すっきりした文章にするようにする。
・図工的には簡単で、すぐにできるおもちゃにする。

学習計画
見本の経験から計画を立てる（❶～❹）。

ポイント
書き方のコツという抽象的な概念と、具体的なおもちゃ作りという、具体と抽象の往復から思考力が育成される。

・教師が口頭で説明して全員にきちんと作らせる。
・後で修正しやすいようここでは完成度を上げない。

❷説明書をもとに友達におもちゃを作ってもらう

・ペアでお互いの説明書を見ながらおもちゃを作ってもらう。
・よかったところに線を引かせてほめ合う。
・こうしたほうがもっとよくなるところをペアでお互いにアドバイスする。

❸もらったアドバイスをもとに、説明書を書き換える

・低学年なので字数は気にせず、できるだけ詳しく書き足す。

❹実際におうちの人に作ってもらい、一緒に遊ぶ

・実際におうちの人に作ってもらい、書いてよかったという感覚を味わわせる。
・振り返りで何がよかったのか、今後どのように書いていきたいかを言語化させる。
・いい振り返りは全体で共有し、学級の子ども全員の学びとなるようにする。

まとめ

目的をもつ①
家族と遊ぶために
おもちゃの説明書
を作ろう
一度困る②
ぼくが書いた
説明書をもとに
友達に作って
もらったら、なぜか
うまくいかないぞ
対応策を考える③
つくり方の
順番がよく
わからないの…
そうか！それなら
「はじめに」「次に」
「おわりに」を使えば
伝わるぞ
達成感をもつ④
家族と遊べて
よかった…！
また次も
書きたいな！

2章

協力したり道具を使ったりして言葉を使う授業

どうしても私たちは、子どもが誰の助けも借りずに、何にも頼らずに、独力で言葉を使える能力を学力と捉えがちです。しかし、実際の社会生活では仕事ができる人ほどいろんな人と協力したり、調べたりしながら仕事をしています。学校も、社会で使われている能力に合わせて変わっていく必要があるでしょう。

1 ペア活動を取り入れよう

ペア学習は学び合いの基本です。一対一なので深いコミュニケーションが可能です。まずは一対一のペアで気軽にコミュニケーションをし、相手の意見を聞きたい、自分の意見を言いたい、という学び合いの基礎を育てることが重要です。

◆ペアで学習するとは

ペアで学習するとは、自分の意見を相手に伝え、それについて相手の意見をもらい、自分の意見をより深めることを意味します。また相手の意見を聞き、それについて自分の考えを伝え、そこから自分の考えを深めることも意味します。

しかし、小学校の授業では、**お互いの意見の発表会で終わってしまう**ことがよくあります。皆さんも、例えば「スイミー」(光村図書『国語二上』令和2年度版)のお気に入りの場面をペアで伝え合う学習で、「ぼくは水中ブルドーザーのような伊勢海老の場面が好き」「わたしはマグロを追い出す場面が好き」とお互いに話してすぐに沈黙、というペアを見たことがあるのではないでしょうか。どのようにすれば、お互いの考えを深め合うような学び合いができるのでしょうか。

手立てはいろいろと考えられますが、第一に、**相手の意見を聞いて自分の意見を言うという意見の往復を習慣化させること**が重要です。相手に意見を言おうという心構えがあるのとないのでは、聞き方が大きく違います。

◆意見の往復を習慣づけよう

そこで、意見の往復の例を教師がまず示してみせます。先ほどの例で言えば、「僕もその場面もよくて迷ったんだよね。どうしてその場面を選んだの？」「確かにその場面は伊勢海老の大きさがよくわかるからおもしろいよね」などです。これで質問したり共感したりしながら交流すればいいんだと子どもが具体的にイメージできます。うまくできた子どもがいればその子どもをほめ、全体に広げていくようにすると全員ができるようになります。

伊勢海老のシーンを選んだ理由は何ですか？
スイミーたちにとって、伊勢海老がとても大きいってわかるから！
先生同士のお手本のビデオ
なるほど！
気になったことは聞けばいいんだ！

「交流のイメージ」を具体的にもてると、学び合うことができる

2 小グループで活動しよう

ペア学習ができるようになったら、小グループでの学び合いを取り入れましょう。小グループでは、ペアで生まれなかった多様な意見に出合えます。自分とは違う立場や見方からの意見に出合い、考えを深められるのが小グループ学習の特徴です。

◆小グループで学習するとは

多様な意見に出合うだけであれば、クラス全体で意見を交流するのが効果的です。しかし、クラス全体だと発言できる回数が少なくなってしまいます。**少グループだと、多様な意見はある程度担保した上で、一人あたりの発言量も保証することができます。**

例えば4年生の教材「一つの花」（光村図書『国語四上』令和2年度版）で、場面の変化を読んだとします。そこでいきなり全体で話すのではなく、小グループを一度挟んでみるとどうでしょう。きっと以下の会話のように考えが深まるのではないでしょうか。

A「最初は「一輪のコスモス」だったけれど、最後は「コスモスのトンネル」になっているよ」
B「本当だね。気づかなかった。それは一体何を表すんだろうね」
A「戦争が終わって豊かになったことを表しているんじゃないかな」
C「豊かになったのは生活だけじゃなくて心もじゃないかな」

◆グループでの話し合いを活性化するには

しかし小グループでの話し合いでは、自分が話さなくても、話し合いが成立すると思ってしまう子どもも出てしまうかもしれません。そうならないように、どの班も全員が話すような「しかけ」を教師がするとよいでしょう。

具体的には、**最初は話すのが苦手な子どもと話をふるのが得意な子どもを同じ班にする**ことです。最初は話をふるのが得意な子に助けられていると思いますが、苦手な子も話すようになるでしょう。まずは話すことへの自信をつけるようにすると、年度末になるころは全員がしっかり話せるようになります。

?コスモスが増えたのはなぜ?
生活が豊かになったからなあ…
3～4人のグループ
心も豊かになったんじゃない?

小グループだとざっくばらんに話すことができる

3 クラス全体で交流しよう

ペアや小グループで学び合うことも重要ですが、学級全体での活動も重要です。しかし、今までのような教師主導の一斉授業でよいというわけではありません。それではどのように全体での交流を行っていけばよいのでしょうか。

◆多様性を保証する

クラス全体での交流は、クラス全員の意見に触れられるので、一番多様な意見に触れられる機会です。そのため、たくさんの意見を聞けるような工夫が必要となります。例えば、5年生の教材「大造じいさんとガン」（光村図書『国語五』令和2年度版）を読んで、どの場面がお気に入りかをクラス全体で共有するとします。当然、全員が挙手をして意見を言う時間はありませんから、工夫が必要です。

そこで、**全文掲示を黒板に貼っておいて、それぞれが自分がお気に入りだと思う場面のところに名前マグネットを貼る**といいでしょう。このようにすると、どのような場面が人気なのかが短い時間でわかりますし、自分と違う場面をお気に入りにしている人がいるのが視覚的にわかります。また名前マグネットだと、全員が必ず貼ることになりますし、自分と同じ場面を選んだ人が誰で、自分とは違う場面を選んだ人が誰かすぐにわかるので、話し合いでのグループ分けなど、次の学び合いに活かすことができます。

◆多様性に出合うことに焦点化する

先にも述べたように、多様性を保証するのがクラス全体での交流のポイントです。クラス全体での交流では、ある友達の意見に対して、その場ですぐ意見を返すのはほぼ不可能ですので、深いコミュニケーションには適当でありません。もしそれをしてしまうと他の人が参加できなくなってしまいます。

深いコミュニケーションをするのはペア学習や小グループ学習に任せ、**クラス全体の交流では、できるだけ短時間にクラス全員の意見がわかるようにしましょう。**

大造じいさんとガン
山田
田中
佐藤
写真保存しておくと次の授業の振り返りに使える！

好きな部分に自分の名前を貼ると、どこが誰のお気に入りかすぐわかる

4 自由に学び合える雰囲気にしよう

子どもは本来、仲間と学び合いたいと考えていますし、学び合ったほうが効率的です。しかし学校だけはなぜか、一人で書こう、読もう、という独力主義が目立ちます。この価値観を脱して子どもの学び合いを引き出す授業をしましょう。

◆「学び合おう」と言ってもなかなか学び合わない

子どもたちに学び合いましょう、と言っても、子どもはなかなか学び合おうとしません。それは子どもが、「一人で学習するように」という指導を受けて、相談するのはずるだ、授業中友達としゃべってはいけない、というような間違った考え方をしているからです。そこで教師は、**自由に学び合うのはいいことだと繰り返し指導する**とともに、子どもが学び合いをしやすくするような環境づくりをする必要があります。

具体的には例えば、机を向かい合わせにしたり、向かい合わせた机の上に話し合いボードを置いたりといった、話し合うのが自然になるようなしかけをすると子どもも話し合うようになります。

◆自由に学び合える雰囲気にしよう

筆者が最も大事だと考えるのは、子どもが学び合いたいときにいつでも学び合えるような雰囲気をつくっておくことです。先生が「学び合いましょう」と言ったときに、隣の人に限らず、**自分が学び合いたいときに学び合いたい人と学び合えることが重要**です。このように、主体的な学び合いになるようになるとよいでしょう。

例えば「大造じいさんとガン」（光村図書『国語五』令和2年版）を読んでよいと思った表現を話し合うとき、同じところを選んだ人、違うところを選んだ人、どちらと学び合いたいかはその時々で違います。そこで、先ほど紹介した全文掲示（52ページ）などを使えば、子どもの自由な学び合いの手助けになります。子ども自身が他の人はどう思ったんだろう、知りたいな、と思ったときにいつでも学び合える雰囲気をつくれば、子どもは主体的に学び合おうとするのです。

授業中、常に話せる環境にして自分で学び合う相手を作れる

5 国語辞典や類語事典を使わせよう

前ページまでは、一人で学習するのではなく、友達と協力することが本来的な学習なので、そのための手立てを説明してきました。ここからは、子どもたちがものを使って学ぶことの重要性を説明していきます。

◆ものを使うのはずるい？

よく、テストでは辞書を使えないから、辞書を使って学習するのはずるだという声を聞きます。確かに、テストで辞書を使って漢字を書く行為はずるいですが、**テストは特殊な条件下で個人の能力を評価するものであり、実際の活動場面の評価ができるものではありません**。実生活では逆に、わからない漢字があって辞書があるのに使わなかったら、辞書を使えばいいのに、と言われてしまいます。学校は実生活で役立つ能力を育てることが目標ですから、どんどん辞書を使って学習を進めていくほうが正しいのです。

◆類語辞典の効果

類語辞典を使うと、子どもが表現に困った際に適切な言葉を選ぶことができます。例えば随筆を書いていて「ぼくはなるほどと思いました」の「思いました」がしっくりこない子どもがいたとき、普通は言葉が思いつかずそのまま流してしまいますが、類語辞典があれば大きく状況が変わります。「思う」の類語を調べると、「考える」「熟考する」「実感する」「感心する」などといろいろな言葉が出てくるので、その中から自分が伝えたいことに最もぴったり合う言葉を選ぶことができます。その子どもは「感心する」を選び、「ぼくはなるほどと感心しました」と文章を直しました。これで、言葉を選んで使えば、自分の気持ちをはっきり伝えることができるという経験ができました。

日本語には多くの言葉があり、その一つ一つは微妙に意味やニュアンス、使い方が異なります。類語辞典を使って書くことで、子どもたちは言葉の微妙な違いに気をつけながら文章を書くことができ、その結果、**その微妙な違いに気をつけながら言葉を使う態度を身につける**ことができます。

〇〇ってこういう意味なんだ。かんちがいしてたなぁ～
わからないことはすぐ辞書で調べよう
「思いました」より「納得しました」の方が自分の気持ちが伝わるぞ!

日常ではわからないことがあれば調べるのが普通

6 インターネットを役立てよう

例えば、ある子どもがアカハライモリの尾を傷つけたところ、そこからくさってイモリが死んでしまったとします。その理由を調べますが、本には載っていません。多くの場合はインターネットで調べることになります。

◆インターネットの情報は信用できない？

「本の情報は信用できるが、インターネットの情報は信用できない」という声をよく聞きます。本の出版にはプロの編集者がいるが、インターネットは誰でも発信できるからというのが主な理由ですが、それは本当でしょうか。

例えばある国で、政府が出版社を統制していて、国民がインターネットから真実のニュースを流して抵抗するというケースも考えられます。最近は、学会の査読がついた論文も、インターネットで読めるようになっているので、インターネットでも信頼できる情報に出合えます。逆に、査読がしっかりしていない、いい加減な論文が一般向けに出版されていることもあります。この場合はインターネットのほうが信頼できると言えるでしょう。**本だから信用できて、インターネットだから信用できないというのは間違った考え方**なので、注意する必要があります。

◆大切なのは「誰からの情報か」

大切なのは、誰からの情報かということです。情報を発信する人が明らかになっていない場合は論外ですが、発信した人にはその情報について責任があります。そこを見て、情報の信用性を考えることが重要です。

権威ある人の意見ならばよいというわけではありませんが、小学校の場合、**ある程度責任をもった公的な機関や研究機関からの情報であれば信用性が高いと見てよい**でしょう。本来であればどの機関からのものでも真偽を確かめるという姿勢は重要ですが、小学生はそこまでで十分だと考えます。

本とインターネットどちらのほうが信用できるということはない

7 パソコンを使って書かせよう

パソコンやタブレットを使って書くことが、今や普通です。パソコンだと心がこもっていない、字の練習にならないという声もありますが、将来パソコンを使って書くことが中心になるので、学校でもパソコンで書くことに慣れる必要があります。

◆パソコンを使って書くと推敲が活発に

パソコンを使って書くことのメリットは、修正が簡単にできたり、段落ごと移動させたりできるので、推敲が活発になることです。実際に、筆者が小学6年生にパソコンを使って物語を書かせたところ、文章の修正を活発にしていました。

ここで考えられるのは、**書くことを思考力の育成として捉えたときに、パソコンを用いたほうが思考力を育成できる**のではないかということです。

例えば、5年生が1年生の保護者に向けた学校紹介リーフレットを書いたとします。子どもが一生懸命考えれば考えるほど文章の修正が多くなるものですが、修正しやすいパソコンと、消しゴムでいちいち全部消さなくてはならない手書きとでは、どちらが多く文章を直すでしょうか。それは当然、パソコンだと考えられます。

◆パソコンで書くと思考が活性化する

手書きだと直しにくいので、できれば直さずに済むようにじっくり前もって考えることが予想されます。しかし、そうであっても書いている最中に、やはりこう書くべきではないか、と思いつくこともあるでしょう。手書きの場合は、思いついたとしてももはや修正できないので、そのまま思いつかなかったことにするしかないでしょう。または、大変な労力で書き直すことになります。

パソコンは、修正しながら書けるので、**とりあえず書いて後で修正するということが可能**です。その分、思考が固定化されず、活性化していきます。

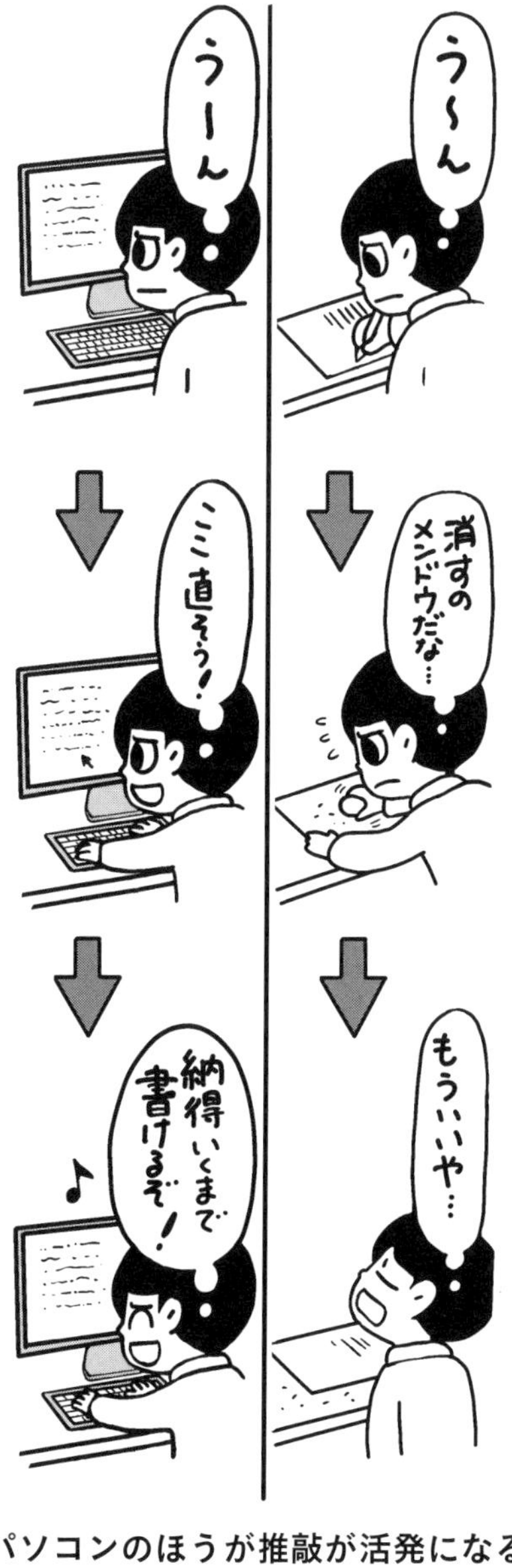

パソコンのほうが推敲が活発になる

8 写真や図で表現を広げよう

国語の授業では、写真や絵を頼りに説明してはいけないとの意見があります。しかしそれで本当に社会に役立つ力が育つでしょうか。言葉だけで伝えるのが困難であれば、写真を使って言葉とともに伝えることは、自然なことのはずです。

◆写真をもとにする文章の場合

現代社会では、ＹｏｕＴｕｂｅやＳＮＳなど写真や動画をもとにした文章で情報が発信されています。そのため、学校教育でも、写真や動画を使って文章を表現する力を養うことが大切です。

例えば、折り紙の折り方を友達に伝える活動で、言葉だけで鶴の折り方を教えるのはほぼ無理でしょう。図や写真があれば、どのように折ればいいのか伝えることが可能になります。そこで、どの場面の図が必要か検討したり、図と言葉をどのように結びつけるのか学んだりすることができます。

ただ図を使えばよいわけではありません。図と文がつながっていなければ、図をどう見ればいいのか、図をどの言葉と結びつけて解釈すればいいのかわかりません。

しかし、図につけた子どもの文章を見ると、絵日記のように読者がその図との関係を推測しなければならない文章も多くあります。そうしたときは、「図1のように」「図の点線で囲まれたところを見てください」などのように、**図と言葉を結びつける表現を用いると、効果的に相手に伝えられます。**

◆写真を組み合わせて表現する

タブレットやデジタルカメラで撮った写真は、拡大したり、縮小したりすることができます。そうすると、写真を様々に組み合わせて伝えることができるので、一枚の写真では伝えきれないことも伝えることができるようになります。

例えばアップを見せて何の写真か考えさせた上で、全体図を見せて答えを言うなどの説明文を書くことができます。そうすることで、**どのような角度で、どのような縮尺で撮るべきかを子どもは考えることができます。**また、とても操作が簡単なので、何度でも撮り直すことができ、思考力・判断力・表現力を育てることができます。

言葉だけではなく、写真など他の材料を使って表現する力をつける

9 動画を使って表現させよう

最近は、YouTubeのように動画を用いて相手に伝えることも一般的になってきました。子どもの身の回りにはこうした動画が溢れています。その動画を使って表現することも、子どもの思考力・表現力・判断力を育成するのに有効です。

◆動画を用いて表現する

動画を使って相手に伝えるという言語活動も、最近では普通のことになってきました。しかし動画を使うと、どうして言葉の力がつくのかと疑問に思われるかもしれません。

動画には、セリフとしての音声言語と字幕などの文字言語の両方が使われます。音声の場合は、画像と結びつけながら、動画の時間に合わせて聞こえやすい声量で話さなくてはなりません。ナレーターの場合は、音声だけに気をつければいいのですが、アナウンサー役や役者役はカメラを見て話さなくてはなりません。字幕の場合は、短い言葉で端的に要約して書かなくてはいけません。

このように**必然性をもって、話すことを頭の中でまとめたり、伝えたいことを短い言葉にまとめたりする学習ができる**のです。

◆動きと言葉を合わせて表現する

当然、動画にするので、**言葉と動きをどのように組み合わせて表現するのかが重要**になります。どのようなアングルで動画を撮るのか、ズームはどうするのかなど、目的に応じた方法を考えて動画を撮り、それを相手に見てもらうことも簡単にできます。

動画編集も簡単になってきたので、すべて撮り直さなくても大丈夫です。子どもの負担にならないよう修正するところだけ撮り直せばよいのです。そのことで、撮り直しをしよう、セリフを変えようといった動画編集を、子どもが気軽に行うことができるようになります。子どもたちはよりよい動画を作るために何度も試行錯誤することでしょう。

ぼくたちは
○○について
考えてみました。
話し方も
カタイかも
しれないね
もうすこし
図も入れた方が
よさそうね

現代から先は、言葉や写真だけではなく動画で伝える力が必要になる

10 スライドショーでプレゼンさせよう

学習指導要領の話すこと・聞くことの指導事項に、「資料を使うこと」と明示されました。ここでいう資料の中にはパワーポイントなどのスライドショーも含まれており、そのような資料を使ってする能力も今後は求められています。

◆スライドを作る

スライドを作るメリットとは、大体の話の構成を考えられることと、スライドを入れ替えて話す順序も簡単に調整できることです。そういう意味で、スライドを作ることは、話をする上で必要不可欠なツールになりつつあります。

しかし、プレゼンのスライドには字が多くて逆に見にくくなっているものがよくあります。日本人はスライドを作るのが下手と言われていますが、作文の紙芝居のようになっている場合が多いです。スライドはあくまで話の補助になるものであるので、話を聞けばわかることは詳しく書く必要はありません。引用など正確に文字を伝える場合を除き、単語や短い文にして、**聞いている人が全体構造を理解しながら聞けるようにスライドを作る**よう指導しましょう。

◆画像や動画を使う

スライドに、画像や動画を使わせることも有効な手段です。実際にスライドで画像を見せながら、その説明を言葉でするという方法もとれますし、実際の動画を見せて具体的な話のイメージをもってもらうこともできます。言葉は、音声で伝えることができるので、スライドはむしろ字数を減らしてシンプルなものにすると聞いているほうもわかりやすくなります。音声だけで伝えるよりも多くの点で効果的なので、スライドの工夫をしながら、**資料を用いて話す経験をたくさんさせる**ようにするとよいでしょう。

スライドの有無で話し方が変わると知り、資料を用いて話す力も育てる

授業例❷ 環境問題への意見文を書こう

以上2章では、友達と協力したり、道具を用いたりして学ぶことの重要性を提案してきました。ここではそれを結びつけた実践例を一つ紹介します。

実践概要
節水の意見文を書いて相手を説得する。

目的設定
友達と協力して調べて書く。

先にも述べたように、文章を書くことは一人の言語活動だとされてきました。しかし実際には、友達と協力したり、辞書やコンピュータを用いたりして書くことが必要不可欠だと考えます。

例えば、節水を呼びかける意見文を書くとします。まず、節水がどれだけ問題になっているのか、本やインターネットで調べます。その際に似たようなテーマを追究している友達と一緒に調べるとお互い資料を教え合えます。そしてそこで調べたことをもとに協力し合いながらパソコンで意見文を書くことになります。また自分とは同じ意見の人と相談して理由を補強したり、自分と違う意見の人には反対意見を聞いたりして、そこから反論を考えることもできます。

このようにして友達と協力したり、道具を用いたりして書く準備します。準備が終わったら、以下のような順序で実際に書き始めます。

学習活動

気軽に書き始める。

ポイント

学び合いながら書かせること。独力が学力ではなく、使えるものはすべて使って発揮された能力が学力であるという意識の変革。

❶大体の構成を考える

・完全に決めるのではなく、後から修正するつもりで決める。
・パソコンなどを用いて先に見出しを書く。

❷文章を書く（下書き）

・後から直す前提でとりあえず書く。
・わからないことや困ったことがあったら自由に相談して書く。
・どのような言葉を使えばいいかわからなかったら類語辞典を使う。
・写真や図表を使ったほうがよければ、写真を撮ったり図を描いたりする。

❸推敲＋加筆

・友達に読んでもらってコメントをもらう。
・特に、自分とは違う立場からの意見をもらい、反対意見とその反論を書き足す。

❹共有

・意見文を読み合い、よい点をほめ合う。
・意見文で相手を説得できたことは実行する。そのことで、自分たちの意見が相手に届き、その結果学校や社会はいい方向に変えることができることを実感する。

まとめ

「じどう車くらべ」(光村図書『こくご一下』令和2年度版)

3 章

言葉とイメージを結びつける授業

文章を読んでも、言葉から表面上の意味しか受け取れなくて、具体的なイメージと結びつけられない子どもがいます。また文章を書くときにも、きちんと伝えたい具体的なイメージと結びつけずに、表面上の言葉を使ってしまう子どももいます。言葉とイメージを結びつけて使うことを目指します。

1 音読にイメージをこめて音読しよう

言葉の意味がわからなくても、きれいに音読することはできます。例えばフィンランド語はローマ字読みのため、意味がわからなくても発音できます。このように、音読と意味の理解は全く違う能力ですが、国語の授業では混同しがちです。

◆イメージをこめて音読するとは

子どもたちに言葉の意味を理解しながら読ませるためには、音読する際に言葉にイメージをこめて音読をさせることが重要です。具体的には物語の会話の部分の音読です。会話の部分をどのように音読するのか考えることで言葉にイメージをこめることができます。

例えば「お手紙」(光村図書『国語二下』令和2年度版)でがまくん、かえるくんの会話をどう読むか想像して音読をするとします。ただきれいに音読をするだけでは、がまくん、かえるくんの行動を想像したとは言えません。がまくん、かえるくんが置かれた状況をイメージして、どのような言い方をするのか、しっかりと考えることが重要です。「ああ。」「とても　いいお手紙だ。」というがまくんの会話を、驚いたように大きな声で言うのか、噛みしめるように小さい声で言うのか、それぞれの解釈によって言い方が変わります。そこで大切なのは**言い方を工夫して言葉にイメージをこめようとすること**です。何も考えずに音読するときよりも解釈が深まっているため、言葉にイメージをこめることができています。

◆表現力と思考力

ここでは、音読を工夫することを通して言葉にイメージをこめることの重要性を言いました。しかし低学年では工夫しようとしてもそれをなかなか音読で表現することができないこともあります。

音読をする表現力と、どんな音読をするか工夫する思考力は不可分のため、表現できなかった子どもが、思考力に課題があったのか、表現力に課題があったのか、判断できません。そのため、音読の表現力を並行して育成することで思考力と表現力を一体的な能力と捉えて評価し、言葉にイメージをこめる思考力・表現力を育成していきましょう。

どう音読するかでイメージが変わってくる

2 読んだことを動作化してみよう

言葉をイメージするには音読の他にもいくつか方法があります。その方法の一つに動作化があります。動作化をさせると子どもがどのように言葉をイメージしているか、はっきりと知ることができます。

◆書かれている言葉を動作にする

例えば登場人物がどんな動きをしたのか、実際に動いてみると子どもの解釈がよくわかります。例えば「きつねのおきゃくさま」（教育出版『小学国語二上』令和2年度版）という教材があります。その中で登場人物の動作を実際にさせると「いや、まだ　いるぞ。きつねが　いるぞ。」というセリフをきつねに言わせる子どもと、おおかみに言わせる子どもに分かれます。また「きつねは、はずかしそうに　わらって　しんだ。」という言葉がありますが、多くの子どもは「はずかしい！」と言って大笑いした後に死んだりする動作をします。しかし「はずかしそうに」であって「はずかしがって」ではないので、「はずかしい！」と言うわけはなく、大笑いするわけもありません。**言葉をイメージにして動作化してみることで、書かれている言葉のイメージをしっかりと捉えながら読むことができる**ようになります。

◆言葉に書かれていないところも動作化してみる

書かれている言葉だけではなく、行間の書かれていない部分も動作化することで想像をふくらませることができます。

例えば「お手紙」（光村図書『国語二下』令和2年度版）で、手紙が来るのを待っている場面がありますが、そのときに何をしたかは書かれていません。このような、**書かれている文章の行間から書かれていないことを想像するのは、読む**ことの指導でとても重要です。この場合は、実際に動作化しながら想像させるとよいでしょう。「かたつむりくんを迎えに行こうか」「いや、待っていないとつまらないよ」と肩を寄せ合って話すなど、動作化することで場面の想像をふくらませることができます。

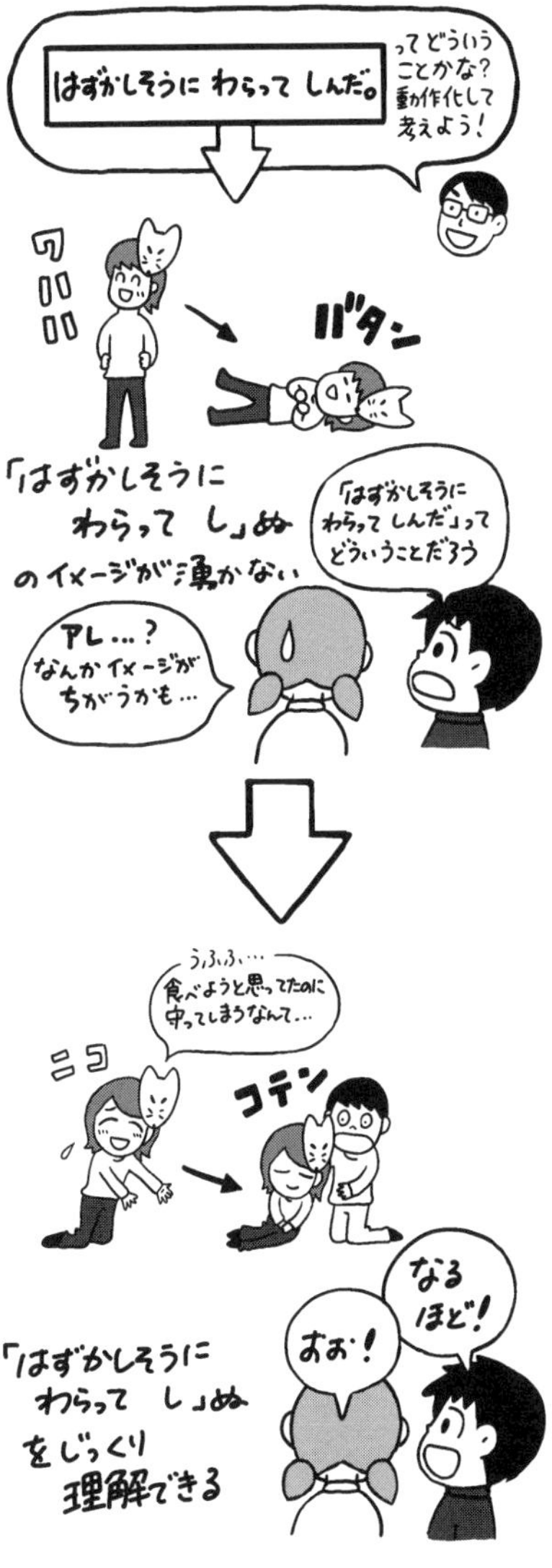

動作化はイメージにつながる

3 読んだことを図や立体で表現しよう

前ページで述べたように、言葉で表現されたことを動作化すると深い理解につながる場合があります。しかし、場面の様子や情景の場合は動作化では表現できません。こんなとき、絵を描いたり、立体で表現したりすることが有効な手段です。

◆図で表すとは

場面の様子や情景などを、描かれている言葉をもとに図に表すことで、具体的にイメージと結びつけることができます。例えば「ごんぎつね」（光村図書『国語四下』令和2年度版）ではごんと兵十の距離はだんだん近づいていきます。それを言葉だけから理解するのは困難なので、兵十の家の周りの図を書き、その中にごんがどのように動いたのか矢印などで子どもたちに表現させます。最初は家の裏口からいわしを投げ込んで、すぐに走って逃げていたごんが、かげをふみふみついていくようになり（満月が高い時刻なので影も短い）、そして最後にはうちの中に入って土間にくりをおくようになった、というようにごんと兵十の距離が近づいていき、悲劇がおこったことがよくわかります。

これを**言葉だけで想像するのは困難**ですが、月や影のことを図で表せば理解がぐっと深まります。他にも、「大造じいさんとガン」（光村図書『国語五』令和2年度版）の情景描写から絵や図を描いて想像をふくらませることも、有効です。

◆立体で表すとは

読んだことを平面だけではなく、立体で表すことも有効な手段です。

例えば、「スイミー」（光村図書『こくご二上』令和2年度版）が海の素晴らしい生き物に出会った場面を立体で表すとしましょう。**平面で動物とスイミーを表そうとすると、レオ＝レオニの素晴らしい絵があるので、子どもが想像する余地がありません。**

そこで、紙粘土や、つまようじなどで立体にすることにしました。すると子どもたちは立体のスイミーと遊び始めます。昆布やわかめの林の中にスイミーはいるのか、外にいるのか、出たり入ったりしているのかと想像を巡らせる子どもも出てきて、思考や理解が活発になりました。

スイミーは
どこに
いるのかな？

言葉を言葉以外のものに
置き換えてみると解釈が深まる

4 写真や図表と見比べさせよう

文章を読んで、自分がイメージしたことが正しいとは限りません。自分が読んだことと、実際の写真や動画を見て、筆者の伝えたかったことを正確に認識したり、筆者の表現の工夫を捉えたりすることはとても重要です。

◆写真と見比べると

文章を読んで、それがどのようなことなのか、実際に写真や図と見比べながら理解すると、自分の理解が正しいかどうかを確認できます。例えば「ユニバーサルデザインのハサミ」という言葉だけ聞いても、どのようなハサミなのか想像するのは困難です。**まずは、自分が言葉からイメージしたことが正しいかどうか写真や図を確認し、自分が想像したイメージを修正する習慣を身につけさせる**ことが重要です。

また写真や図を確認しながら、筆者がどのような工夫をしているのか、どのような言葉を使って伝えようとしているかを分析することも重要です。例えば「『鳥獣戯画』を読む」（光村図書『国語六』令和2年度版）では、鳥獣戯画を見たときに感じたことを筆者の高畑勲さんが文章にしています。「もんどりうって転がった兎の、背中や右足の線。勢いがあって、絵が止まっていない。動きがある。」とうさぎの絵を見て文章を書いています。うさぎの絵の筆の線を見ると、動きがあると言い切った高畑さんの見方や表現の工夫から、子どもはそういう見方もあるのかと学ぶことができるでしょう。

◆図表と見比べると

図や表と結びつけて、自分のイメージが合っているか確認する方法もあります。例えば「時計の時間と心の時間」（光村図書『国語六』令和2年度版）で、「グラフを見ると、感じた時間は同じ三十秒でも、朝や夜は、昼に比べて長い時間がたっていたことが分かります。」という文があります。その文を読んで自分が理解したことが正しいかどうか、グラフを見ながら確認することが重要です。そのグラフを見ることによって、具体的に文章の意味が理解できるでしょう。

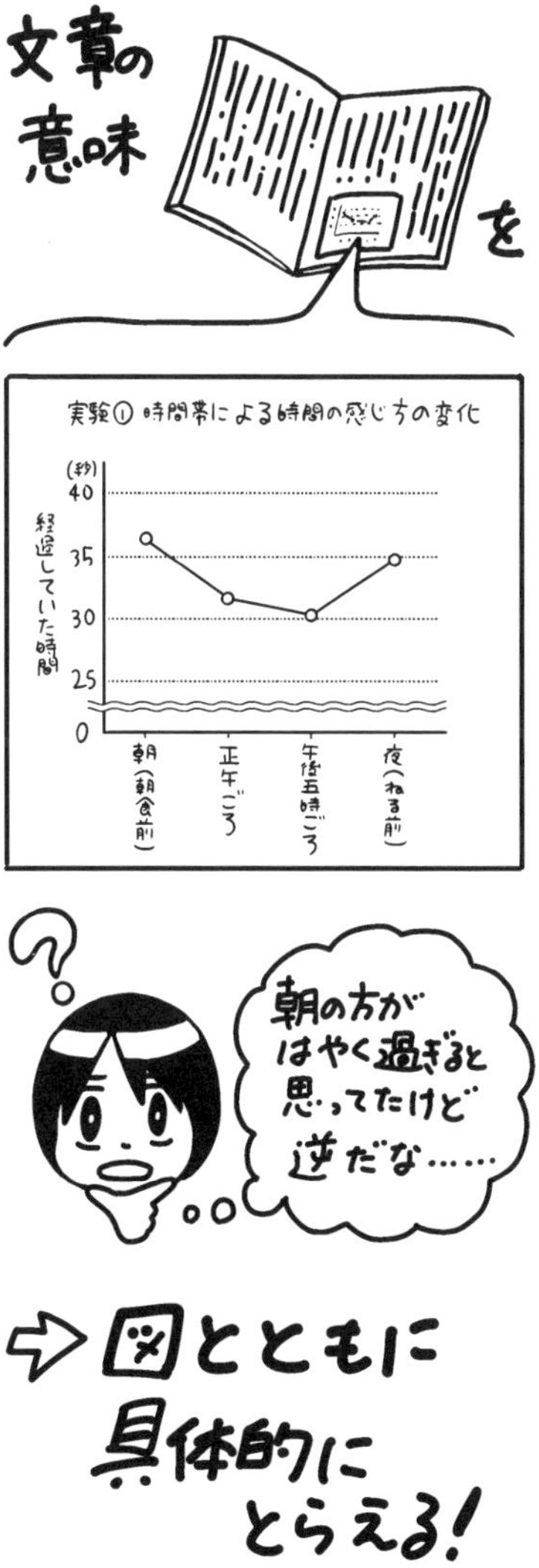

図表を読んで自分のイメージと同じか確認させる

5 動画をもとに考えさせよう

前ページでは、写真や図表と比べることで、文章を読んだイメージから修正する重要性を説明しました。ここでは動画を見て修正することも重要であることを説明していきます。動画を見て修正することは、特に低学年から効果的な方法です。

◆動画と文章を比べる

例えば「うみのかくれんぼ」（光村図書『国語一上』令和2年度版）という教材で、はまぐりは「すなの　なかに　あしを　のばして、すばやく　もぐって　かくれ」ると書かれており、これを子どもに動作化させると多くは膝を折って机の中に隠れます。しかし実際は、はまぐりが足をのばし砂をつかみ、体をひっぱり砂に隠れます。この動画で、**子どもは自分の想像を修正**できます。

また「たこは、からだの　いろを　かえる　ことが　できます。」という文も同じです。体の色を変えるイメージはできても、どのように色を変えるのか、どれほどのスピードで変わるのか、どれぐらい背景の色と似ているのか、まで具体的にイメージできる子どもはほとんどいないでしょう。筆者はこの教材を用いた授業でよく子どもにたこが一瞬で色を変える動画を見せますが、決まって子どもは「おお！」と大きな声を上げて驚きます。子どもたちはどうやって色を変えるのかイメージできていなかったのです。

◆動画から筆者の書き方の工夫に気づく

「こまを楽しむ」（光村図書『国語三上』令和2年度版）では、さか立ちごまの動きが以下のように説明されています。「指で心ぼうをつまんで、いきおいよく回すと、はじめはふつうに回るのですが、回っていくうちに、だんだんかたむいていきます。そして、さいごは、さかさまにおき上がって回ります。」。実際に動画を見ながら、「ぼくだったらただこまをまわすとしか書かないのに、筆者は詳しく指で心ぼうをつかんでいきおいよくまわすと書いている。確かに動画を見ると指でつまんで回しているなあ」と考えることで、子どもは**今後自分が表現する際の参考にする**ことができます。

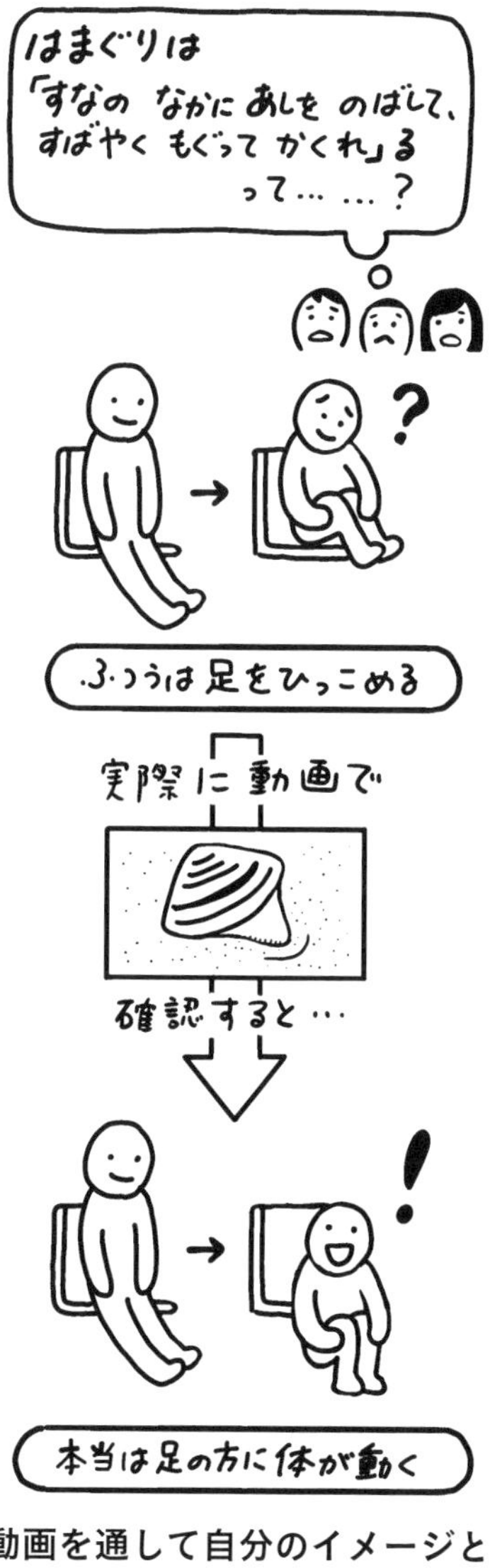
はまぐりは「すなの なかに あしを のばして、すばやく もぐって かくれ」るって……？
ふつうは足をひっこめる
実際に動画で
確認すると…
本当は足の方に体が動く

動画を通して自分のイメージと合っているか確認させる

6 模型をもとに考えさせよう

写真や図表、動画で子どもに見せて考えさせる方法もありますが、できれば子どもに実体験をさせて考えさせたいものです。ここでは模型を使って子どもの読みを修正する方法を説明します。

◆模型で実験をする

「じどう車くらべ」（光村図書『国語一下』令和2年度版）で、以下のような文章があります。「クレーン車は、おもい　ものを　つり上げる　しごとを　して　います。／その　ために、じょうぶな　うでが、のびたり　うごいたり　するように、つくって　あります。車たいが　かたむかないように、しっかりした　あしが、ついて　います。」。

一番いいのは、クレーン車に学校にきてもらって実験することですが、それはなかなか難しいことです。また、あえてじょうぶでない腕をつけたり、しっかりしていない足をつけたりすることも危険ですのでできません。

そこで、教師がクレーン車の模型を作って実験してみるのが現実的な方法です。丈夫でない腕のクレーン車で重いものを持ち上げると腕が折れますし、しっかりした足を持っていないとクレーン車はひっくり返ってしまいます。特に足は丈夫でないと折れてしまうと考える子どもが多いのですが、実際に重要なのは丈夫さではなく重さで、重さがないと重いものを持つとひっくり返ってしまいます。これも文章から子どもがもったイメージを修正するのに効果的です。

◆模型の重要性

模型の素晴らしさは、目の前で思いもしなかった事実が起こること、しかも、実物だとコストがかかることを再現できることです。実際のクレーン車を見ても、重さが重要なのか硬さが重要なのか、子どもは判断できません。模型は低コスト、低リスクで読みの修正ができるので効果的です。実際に模型にさわらせたり、たおれないように改造させたりするのも有効な方法です。

じょうぶなうで
のクレーン車の模型
ほそいうで
のクレーン車の模型
ぐにゃー
わりばしの
うで
ストローの
うで
そのために
クレーン車のうでは
じょうぶなんだ！

模型で子どもはイメージを修正できる

7 文、段落をつなげて読んでみよう

子どもが文章を読むとき、該当部分や段落にのみ注目して読んでしまうと、文脈からずれてしまうことがあります。その言葉がどういう意味で使われているのか、文脈全体から判断し、自分の思いこみの意味で読まないようにしなくてはなりません。

◆文脈から意味を判断する

長い文章は、ある部分に注目しすぎると意味を誤解してしまうことがあります。

例えば、「想像力のスイッチを入れよう」（光村図書『国語五』令和2年度版）という教材で、「あなたの努力は、「想像力のスイッチ」を入れることだ。」とあります。その文だけ読むと、スイッチを入れるとは、自由に想像をふくらませて文章を読むことだと子どもは誤解しがちです。なぜなら子どもは、想像という言葉をそのように使っているからです。しかし文脈は違います。与えられた情報を事実のすべてだと受け止めないこと、メディアが伝える内容を冷静に見直したり、メディアが伝えていない内容を考えたりすることが想像だと筆者は述べています。

このように、**他の段落と結びつけながら、筆者がどのような意味をもたせてその言葉を使っているのか**、子どもの生活での使い方と異なる場合には、注意しながら読ませる必要があります。

◆場面をつなげて読む

同じことは物語でも言えます。「スイミー」（光村図書『国語二上』令和2年度版）で「ぼくが、目に　なろう。」とスイミーが言う部分で、その文だけ読むと「スイミーが目になったんだ」ぐらいしか思えません。しかし書き出しのスイミーだけ「まっくろ」であったことと結びつけることで、スイミーらしさが発揮できてよかったというような感想をもつことができます。

また、後の場面とつなげると、目があるからまぐろが本物の大きな魚と間違えて追い出せたんじゃないか、といった解釈もできるようになります。このように段落や場面をつなげて読むと、**物語を何倍もおもしろく読むことができるようになります。**

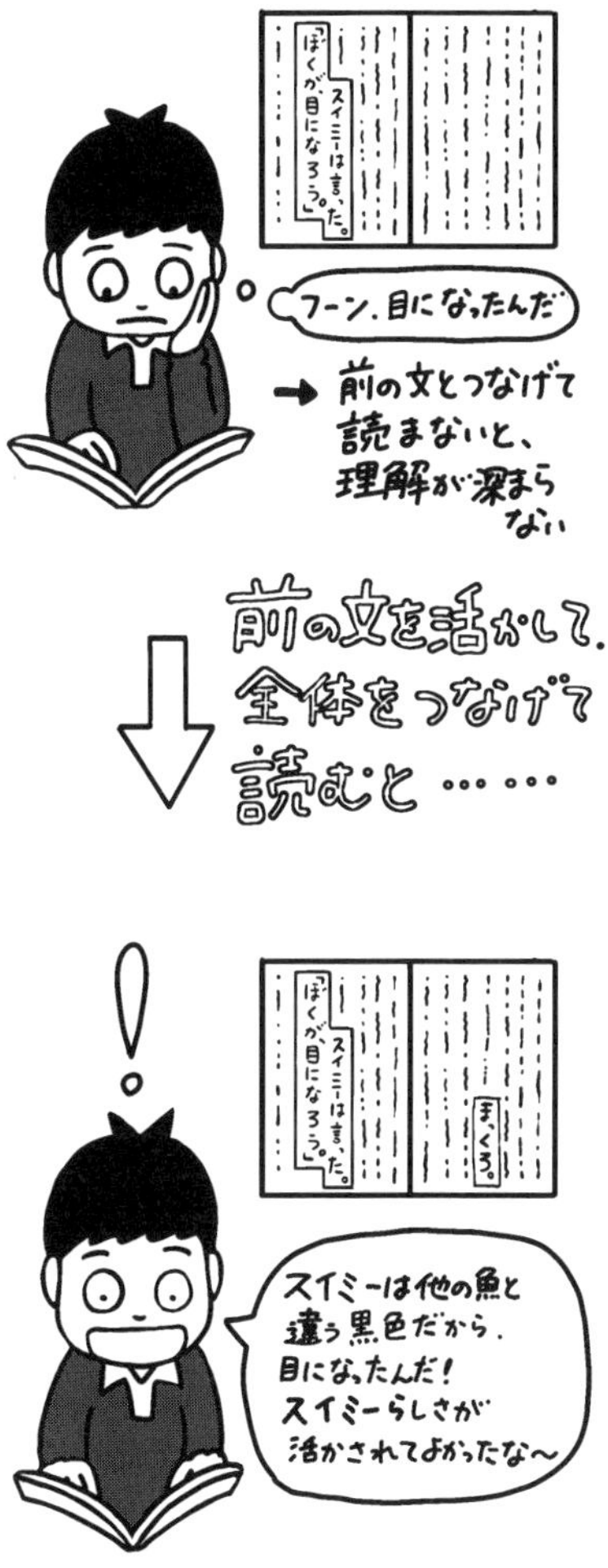

文章全体をつなげて読むと解釈が深まる

8 身近な題材で話し合おう

子どもたちが抽象的な話題で討論をしているのを見たことがあります。抽象的な議論がよい場合もあるのですが、子どもたちがその内容を理解していることが重要です。したがって、子どもがイメージしやすい身近な題材で話し合うことが大切です。

◆抽象的な話し合いでは言葉に責任がもてない

例えば子どもたちが、ＡＩ社会について話し合うとします。子どもなりに一生懸命調べて、ＡＩ社会でどのような問題が起こるのか、いいことが起こるのかを話し合います。

確かによく調べれば、話し合いによってＡＩ社会を多様な視点で分析することができますし、それで自分が今後どうしていけばよいか方針をもつことができるかもしれません。しかし、そこで話し合われている言葉にどれだけイメージをこめて話すことができるでしょうか。「ＡＩによって仕事を奪われるかもしれない」と発言した子どもにＡＩが仕事を奪うとはどういうことか、仕事を奪われるとはどういうことか、仕事を奪われた人はその後どうなるのか、といった具体的なイメージをもつことはできないでしょう。そのような話し合いで子どもは**自分の言葉に責任をもって話し合う**ことができるでしょうか。

◆身近な話題で話し合う

言葉にイメージをもたせ、責任をもって話し合うには身近な話題のほうが効果的です。

例えば時間を守るために、5分前に教室集合にすべきかどうか、という話し合いをします。子どもは、時間を守るためには5分前行動がいいと頭では理解できます。しかし休み時間を減らしたくないので、どうすべきか迷うはずです。頭の中でサッカーが何分できるか計算する子もいるでしょう。教室移動のときだけでいいのではないかという意見も出るでしょう。**身近な話題だと言葉が具体的なイメージとなり、議論が本格化**していきます。

テーマ：AIの場合
AI化でたくさん仕事がなくなるらしいよ
それってどう困るのかな
う〜ん……

テーマ：5分前行動
遊べなくなっちゃうのはやだなぁ
どうすればいいかな？
教室移動のときだけにしたらどうかな??
意見がたくさん出る!!

現実と結びつけることで
リアルに問題を考えることができる

9 書く前に体験をさせよう

前ページの話し合いと共通しますが、子どもが言葉にイメージをもって書くためには、具体的な経験や具体物と言葉を結びつけることが必要です。子どもに文章を書かせる前に関連する経験をさせておくことは有効な方法です。

◆経験をもとにする文章の場合

例えば、近くの動物のいる公園について紹介文を書くとします。実際に行って書くのと、行かないで書くのでは書く文章が大きく変わるのは当然です。実際に行けば、動物に触れたときの感覚やそのときの気持ちなど、相手に詳しく伝えることができるでしょう。行った人ならではの紹介ポイントも伝えられます。しかし行ったことがなければ、調べた情報しか書くことができないので、表面的なことしか伝えられません。「動物はモルモットと羊がいます」と誰もが書けることしか書かないでしょう。**取材段階できちんと体験することは、文章をよりよくするのに必要不可欠**です。

それでも書けない子には、友達に「何匹いたの?」「触った感じは?」などと質問やインタビューをしてもらうとよいでしょう。

◆調査報告文、意見文の場合

調査報告文や意見文の場合も同様です。例えばゴミを減らそうと意見文を書く際に、ただ調べたことを書くのみではなく、自ら実際にやってみて意見を言うと説得力が増します。極端に、レジ袋をもらうのを完全にやめようと書くのではなく、エコバッグを持ち歩き、できる範囲でレジ袋をもらうのをやめようと、現実的な提案ができるようになります。「レジ袋をやめればいいのはわかるが、実際に活動してみると便利でなかなかやめられない」という**問題解決の難しさを実感して書く**ようになります。どうすればいいか頭だけで考えていると極端な意見になりがちなので、実際に経験させて現実問題に気づかせることが重要でしょう。

体験したことを思い出しながら具体的に書くことができる

10 論理を身につけさせよう

これまでは、言葉に具体的なイメージをもたせるにはどうしたらよいのか説明してきました。ここでは、イメージをもって読むと論理関係を理解できるようになることを説明します。

◆言葉の論理とは

言葉の論理とは、簡潔にいうと「文と文の関係」です。平成29年度告示小学校学習指導要領では、言葉の論理は「情報の扱い方」として指導事項に取り上げられ、重視されています。原因と結果、意見と事実、意見と事例のように文と文の関係として理解されます。

しかしこの論理は教え込んでも理解できるわけではありません。1年生に、「しかし」を使うと前と後では文の意味が逆になるよ、と抽象から教えても理解できません。前の文の意味と後の文の意味がわかり、その間に「しかし」があるということを理解することで、子どもは初めて逆説という論理を理解するようになるのです。では、これをどのように指導していけばいいのでしょうか。

◆論理の指導

例えば、「目的と手段」という言葉の論理を指導する場合。1年生「じどう車くらべ」（光村図書『国語一下』令和2年度版）の「クレーン車は、おもい　ものを　つり上げる　しごとを　して　います。／**そのために、**じょうぶな　うでが、のびたり　うごいたり　するように、つくって　あります。」という部分で、腕を伸ばして重いものを釣り上げ、動かして運ぶと具体的なイメージをもつことで、子どもは「だから伸びたり動いたりするんだ」と納得します。この「だから」は「そのために」と同義です。**前後の文をしっかり理解することで、「そのために」という言葉が使えるようになります。**

低学年は、同じ構造の文が続く説明文が多いため、繰り返しながら子どもは「そのために」を使えるようになっていきます。

納得が論理の獲得につながる

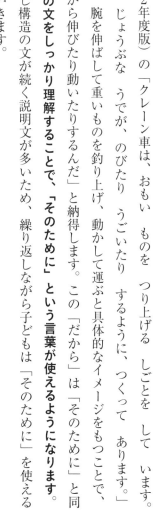

授業例 ❸ 「じどう車くらべ」をもとに説明文を書こう

3章では、言葉に具体的なイメージをもたせる重要性を提案してきました。ここではそれを書くことに結びつけた実践例を一つ紹介します。

実践概要
じどう車くらべで論理を学ぶ。

目的設定
模型や動作化で言葉を具体的なイメージと結びつける。

「じどう車くらべ」（光村図書『国語一下』令和2年度版）では、「そのために」という言葉の前後の文を具体的に理解することで「そのために」が使えるようになる、つまり論理関係を理解し表現できるようにすることがゴールになります。

具体的な理解のために有効なのが、模型や動作化です。ここでは、実際にクレーン車の模型、腕が細いものと腕が太いものを教師が作ります。腕が細いと折れてしまうので重いものは運べません。それを見せることで、子どもは「だから「じょうぶなうで」が必要なんだ」と納得します。また、模型自体が重くないとひっくり返ってしまいます。重さを表すために「しっかりしたあし」が必要なんだとわかります。こうして「じょうぶ」と「しっかり」の違いに子どもを気づかせられます。

また、自ら動作化して考えさせるのも有効な方法です。例えば、クレーン車の例を見た後に、自分でクレーン車の動きをしてみたりするとよいでしょう。動作化させることで、伸びたり動いたりする腕について、子どもは具体的に理解できます。

大事なことは、言葉を言葉のまま終わらせず、具体と結びつけることなのです。具

学習計画
最後に書く活動があることを意識させ、主体的な学習にする。

ポイント
模型や動作化で具体的に、動きとして理解させることで「そのために」の理解につながる。

体的には以下のような単元の流し方をします。

❶学習計画を立てる

・教室にミニカーや図鑑などを置き、子どもが知りたいことをすぐに調べられるようにする。
・最後に説明文を書いて、互いに発表しようと子どもと決める。

❷じどう車の文を理解する

・模型や動作をもとに、文の内容を具体的に理解し、「そのために」の意味を体験的に理解する。
・それをいろいろなじどう車を例にして繰り返すことで、帰納的に子どもたちが理解できるようにする。

❸じどう車の文を書く

・自分の知っているじどう車について「そのために」を用いて説明文を書く。
・お互いに紹介し合って、書いてよかったという喜びを感じられるようにする。
・振り返りで何がよかったのか、今後どのように書いていきたいかを言語化させる。

まとめ

本やネットで調べる①
私もエコについて調べてるんだけど節水についてのおもしろいサイトを見つけたよ!
おー
!
ありがとう!
友達におしえてもらったサイトの情報でうまくまとめられそうだ!
パソコンで書く②
実際に節水をテーマにした意見文を書いてみよう!
友達と協力する③
おもしろかったけどここの部分が私の調べたことと違ったよ!
交換
!
なるほど!じゃあそこをもう一度考え直してみよう
達成感をもつ④
○○くんの意見文を読んでお風呂での水の使い方を気をつけるようになったよ♪
うれしい
自分の文章で人の行動や社会を良い方向に変えられるんだ!

4章

様々な立場から考えて言葉を使う授業

言葉を正しく適切に使うことは大切です。また、言葉を使ったり、言葉の解釈を考えたりすることで、重要な汎用的思考力である批判的思考力を育てられると考えています。ここでは批判的思考力を多面的な思考と捉え、その力を育てる方法について説明します。

1 自分とは考え方が違う人と交流しよう

批判的思考力を育てるには、自分と違う考え方の人とコミュニケーションし、その人のものの見方・考え方を知ることが第一歩です。自分とは違う考え方からものごとを見られるようになるための最初の一歩です。

◆自分とは違う考え方を知るには

子どもはまだ、自分の立場からしかものごとを見られないので、自分の意見に固執したり、相手を攻撃してしまったりします。そこでまずは、自分とは違う考え方の人がいることを認識させるところから始めましょう。

例えば、休み時間にみんなで何を遊ぶか話し合ったとき、太郎君がサッカーをしたいと発言しました。太郎君はサッカーが大好きなので、みんなもサッカーが好きだと思いこんでいます。そこで太郎君は、他の子がおにごっこをしようと言ってもおにごっこがいい理由がわからない上、自分はサッカーがしたいので受け入れられず、サッカーがいいと言い張ります。

ここで太郎君に必要なのは、「**自分と考え方が違う人と出会う**」ことです。「自分と考え方が違う人と出会う」には、話し合いはとても有効な手段です。話し合いをする中で、太郎君はサッカーだと遊べない子がいることに気づき、そこで初めて自分とは考え方の違う子どもがいることを理解できます。

◆いろいろな立場の人と学び合う

このように、子どもが自分とは違う考え方の人がいることに気づくには、いろいろな立場の人と学び合うことが重要です。サッカーが得意な人、苦手な人。動物が好きな人、嫌いな人。本が好きな人、嫌いな人。いろいろな人が集まってクラスができています。クラスの中で自分とは違う考え方をする友達と学び合うことで、自分とは違う考え方の人がいることに気づくチャンスが増えていきます。**自分の見方を絶対視せず、複数ある考え方の一つであることに少しずつ気づかせていきましょう。**

まずは気づくことが第一歩

2 様々な意見が出るテーマで学び合おう

いくらクラスに多様な子どもがいたとしても、多様な考え方が表出しないテーマであれば多様な立場から考えることはできません。どのようなテーマで学び合えばよいのでしょうか。

◆多様な解釈が出る文学的な文章

多様な意見が出るテーマというと、賛成・反対がはっきりする論理的な文章をイメージしがちですが、実は文学的な文章の解釈も多様な意見を出すのに向いています。

例えば、「海の命」（光村図書『国語六』令和2年度版）でなぜ太一はクエを殺さなかったのか話し合うと、「クエもお父さんも大きな「海の命」だと思ったから」「千びきに一ぴきでいいので殺す必要がなくなったから」などと様々な解釈が生まれます。そのとき初めて自分とは違う意見の存在を知り、どうして違ったのかを授業で話し合います。根拠とする文が違ったのか、文は一緒だが、そこの解釈が違うのか。解釈が違うのは生活経験が違うからか、それとも文脈の理解が違っているからか。**自分とは違う相手の思考プロセス**が見えてきます。

このように、自分とは違う考えが起きるプロセスを知ると、その場に他者がいなくてもその他者と同じように考えられるようになり、批判的思考の育成につながります。

◆説明的な文章の場合

当然、説明的な文章の場合も様々な見方ができる教材があります。例えば「時計の時間と心の時間」（光村図書『国語六』令和2年度版）などは、子どもの経験と筆者の事例に違いがある場合の多い、批判的に読めるようなテーマの教材だと言えます。違うと思った子と思わなかった子に差が生まれ、そこから自分とは違う解釈があること、その背景には生活経験の違いや文脈の捉え方に違いがあることに気づけます。

社会科学的なテーマの文章の場合、複雑な状況を扱っていることが多いので、批判的思考を引き出しやすいという利点があります。

説明文でも解釈の違いはある

3 読み手のことを調べよう

文章を書く際に、読み手を意識してとよく言われます。しかし相手のことを想像するだけで、実際にどのような人なのか、どのようなことを知りたいのか調べなければ、自分と違う考えを学べないので、批判的な思考を育成できません。

◆読み手のことを調べる

読み手のことを知らないで書いても、読み手意識をもって書いたことにはなりません。**まずは読み手がどのようなことを知りたくて、どのような言葉からどのようなことを感じるのかを調べておくこと**が重要です。

例えば、2年生が1年生に学校探検の方法を伝える文章を書くとします。そこで1年生のことを考えて書きますが、どこまで1年生のことを考えられるかは別問題です。大体2年生は漢字をひらがなにしようとか、読み手に呼びかける言葉を使おうということは考えられますが、自分が経験した思い出を中心に伝えてしまうことが大半です。

1年生が学校探検の前に知りたい情報は、どんな準備をすればいいか、困ったときにどう対応したらいいかなどの準備についての情報です。自分が伝えたい情報と、読み手が知りたい情報にはずれがありますが、2年生がいくら考えてもこのずれを認識するのは難しいことです。そのため実際に読み手から何を知りたいのか聞いてから考えたほうが考えやすいでしょう。

◆書いてから読んでもらうのではなく、書く前に聞く

読み手が何を知りたいのか聞いてから書くことは、読み手意識をもたせるために有効ですが、多くの場合、文章をある程度書いてから読み手に読んでもらうことが多いでしょう。しかし書いてから読んでもらうと、根本的に違った場合、すべて書き直さなくてはいけなくなってしまい、子どもの意欲が減ってしまう場合もあります。できれば**書く前に、子どもに読み手がどんなことを知りたいのか、読み手に聞くよう指導**しましょう。

相手の知りたいことを知ると
相手の立場で考えられるようになる

4 みんなで複数の文章を読もう

一つの文章を全員で読み、読む力をつけることも重要ですが、クラスを４つ程度のグループに分け、それぞれ別の文章を読む方法もあります。全員が同じ本を読むより、それぞれ自分の興味に合った本を選んで読み合うほうが自然な読み方です。

◆まずテキストを複数選ぼう

まず意見が分かれそうなテーマを選び、その中でいろいろな立場で書かれた文章を集めましょう。そしてそれを全体で読み、自分が選んだ文章について感じたことをまとめる時間をとります。あまりに人数にばらつきが出るようでしたら、教師が無作為にグループ分けをするという方法もありますが、理想は子どもが自分と近い意見を選んで、各グループの人数がある程度そろうというような形になることです。したがって、**子どもがうまくばらつくテーマにする**ことが大切です。

例えば、「動物園は必要か」などの正解が一つに絞れないテーマは意見が割れるので丁度いい話題になります。動物園賛成の意見、反対の意見について、それぞれ複数の資料を集めて読ませるといいでしょう。

◆それぞれの立場で考えよう

それぞれの文章を読む班分けをしたところで、自分の考えがまとまったら、違う文章を読んだ者同士でグループを作って討論します。すると、自分の文章には出てこなかった立場の意見と出合うことができます。その結果、複数の立場から動物園が必要かどうかを考え、自分の考えを俯瞰的にもつことができます。

大切なことは、**自分とは意見が異なる他者と出会えるような環境を常に教師が用意して、子どもが多面的に考える機会を繰り返し与える**ことです。そのことにより、子どもは常に他の見方があるのではないか、という考え方ができるようになるのです。

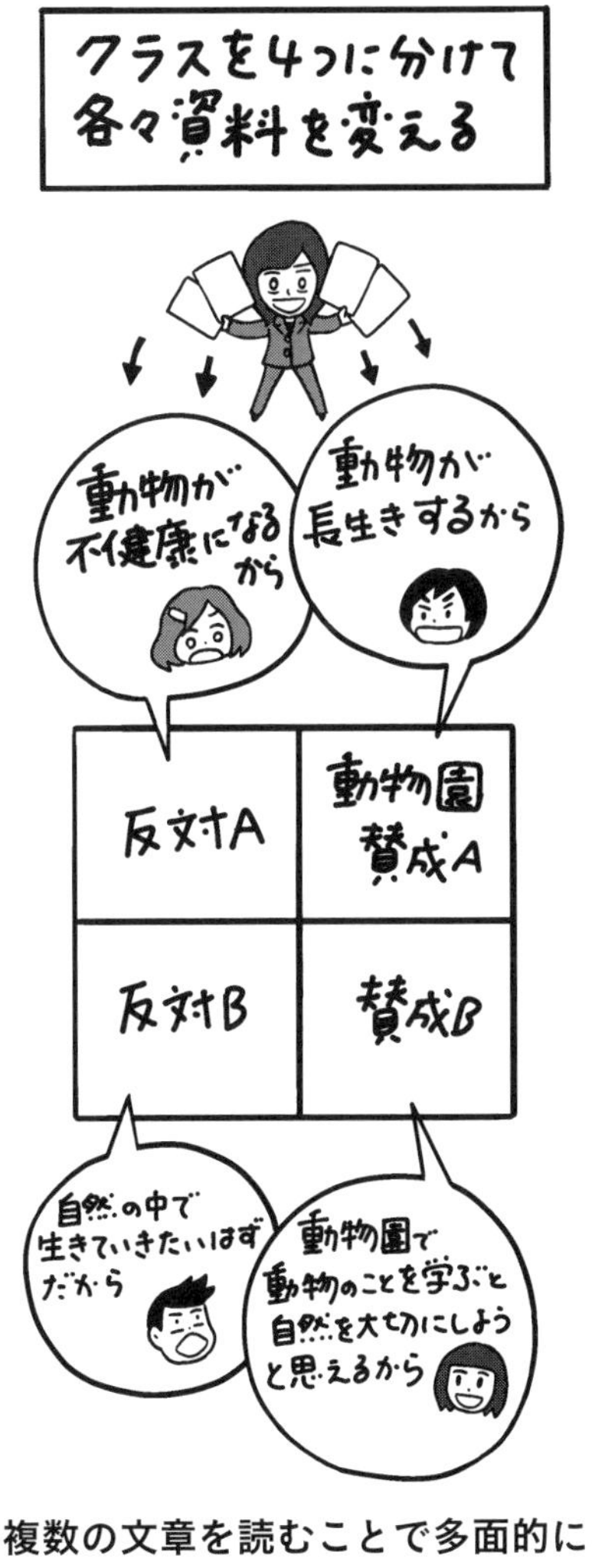

複数の文章を読むことで多面的に物事を考えられるようになる

5 「確かに」という言葉を使わせよう

前ページのような取り組みをしてもなかなか子どもは自分とは違う立場の意見を受け入れることができず、すぐに反論してしまうことがあります。どうやったらそうならず、一旦は受け止めることができるようになるのでしょうか。

◆「確かに」という言葉

反対意見を言うときは「確かに」と言ってから意見を言うルールの徹底が重要です。

例えば、休み時間にみんなでドッジボールをしようという意見があり、それに対して氷おににしようと反対意見を言うときに、ばっさりと否定するのではなく、まずは相手の意見のいいところをほめてから自分の意見を言うようにします。例えば「確かにドッジボールはクラスの多くの子が楽しめる遊びなのでいいと思います。でもクラス全員で遊ぶのは楽しさよりも仲良くなることを目指すので、上手・下手の差があまり出ない遊びのほうがよいと思います。氷おにだと、全員で仲良く遊ぶことができます」と発言するように指導します。**子どもは相手の意見を認めながら自分の意見を言うことになり、自分とは違う考えの意見のいいところを多面的に考えられる**ようになります。

◆相手も同意しやすくなる

このような話し方で話し合っていると、相手も完全否定されたわけではないので、自分の意見を変えようかという気持ちになってきます。ばっさりと否定してけんかをするのが目的ではなく、相手のいいところをほめ、その人に自分の意見に賛成してもらったり、意見を変えてもらったりすることが話し合いの目的です。

そのためには、**相手にいい気持ちになってもらうことが必要不可欠です**。相手をいい気持ちにさせるには、「一度は相手の意見のいいところを受け止めてから話す」というくせを子どもにつけていくと、話し合いもスムーズになり思考力も養われていきます。

まずはよいところを受け止められると、相手も変わりやすくなる

6 反対意見を予想させよう

子どもに、自分とは違う考え方があると気づかせると、自分の文章への反対意見を予想し、それに対する反論を書けるようになります。これにより自分の意見の妥当性を高めたり、読み手に対しより説得力のある文章を書くことができるようになります。

◆反対意見の予想

ある文章を、筆者と意見が違う人が読んでも、自分と近い立場の意見に配慮した表現が書かれていれば、その人も筆者の意見に対して賛成してくれる確率が高まります。

このように、世の中には様々な意見の人がいるので、読み手・聞き手に対しては様々な角度から説得する必要があります。**一つの見方で押し通した文章は確かに論に一貫性はありますが、相手に対する配慮がないので、自分とは考え方の違う相手に意見の変容をもたらすことはかなり難しい**です。

したがって、意見文を書かせるときには、ぜひ反対意見を予想させてから書かせましょう。そうすることで、説得力のある文章を書く力が養われていきます。

しかし中には、反対意見を予想することが難しい子もいます。どうすればよいでしょうか。

◆友達に聞いて反対意見をもらう活動を取り入れる

一つの見方しかできず、自分とは違う立場でものごとを考えられない子どもには、「学び合い」が重要です。この場合は例えば、自分が書いた途中までの意見文を読んでもらってから、友達に反対意見を一緒に考えてもらうという方法です。例えば、クラス運動会でリレーをしようという意見文を書こうとする子どもがいたとします。しかし中には、リレーが嫌な子どももいます。そこで実際に嫌な子どもに話を聞いて、反対意見を一緒に考えてもらい、意見文を書くときの参考にするのです。

反対意見をもらうことは嫌なことではなく、多面的な考えをもつためにいいことなんだという実感をもたせるようにしていきましょう。

反対意見を考えよう
リレーがしたいけど、反対の理由はわからないなぁ……
リレーだとバトンミスがこわいんだ……
!
なるほど！そういうふうに思う子もいるんだなぁ〜

自分と違う立場も含めて、多面的に考える力をつけたい

7 相手を説得できる理由を言おう

子どもは、低学年のうちからよく理由を言うように指導されます。しかし、理由を言えばいいというものではありません。どのような理由を言えばいいのか指導していくことは多面的なものの見方を育成するために有効です。

◆目的に沿った理由を言う

低学年の話し合いを聞いていると「1年生と遊ぶならドッジボールがいいと思います。なぜならぼくはドッジボールが好きだからです」のような理由を聞きます。これを聞いてドッジボールをしようと思う人はいません。確かにその子どもがドッジボールで遊びたい理由ははっきりと言っています。しかし、この自己中心的な理由には相手意識、つまり自分とは考え方が違う相手がいて、その人を説得するために理由を言うという発想がありません。

ではこうしたとき、相手に意見の変容をもたらす理由とはどのような理由でしょう。

一つは「目的のための理由」です。1年生と遊ぶという目的に沿った理由、例えば「1年生に聞いてみたら、ドッジボールが流行っていて、2年生と遊びたいと言っていたから」という理由は、1年生の**立場を考えて言っているので、説得力が増します**。

◆目の前の相手を説得する理由

目的に沿った理由でも相手を説得できない場合も多くあります。その際は、**相手の考え方を理解した上で相手を説得**しましょう。

例えば「1年生は小さいから一緒にドッジボールはできない」という友達に対して理由を言う場合です。このとき、「やわらかいボールを使えば、怪我をせず楽しく遊べる」と相手の考え方を踏まえた理由を言えば、先ほどの友達も納得してくれることでしょう。相手の立場に立って理由を言うことは難しいですが、少しずつ多面的にものごとを考えられるようにし、相手を説得できる理由を言えるようにしていきましょう。

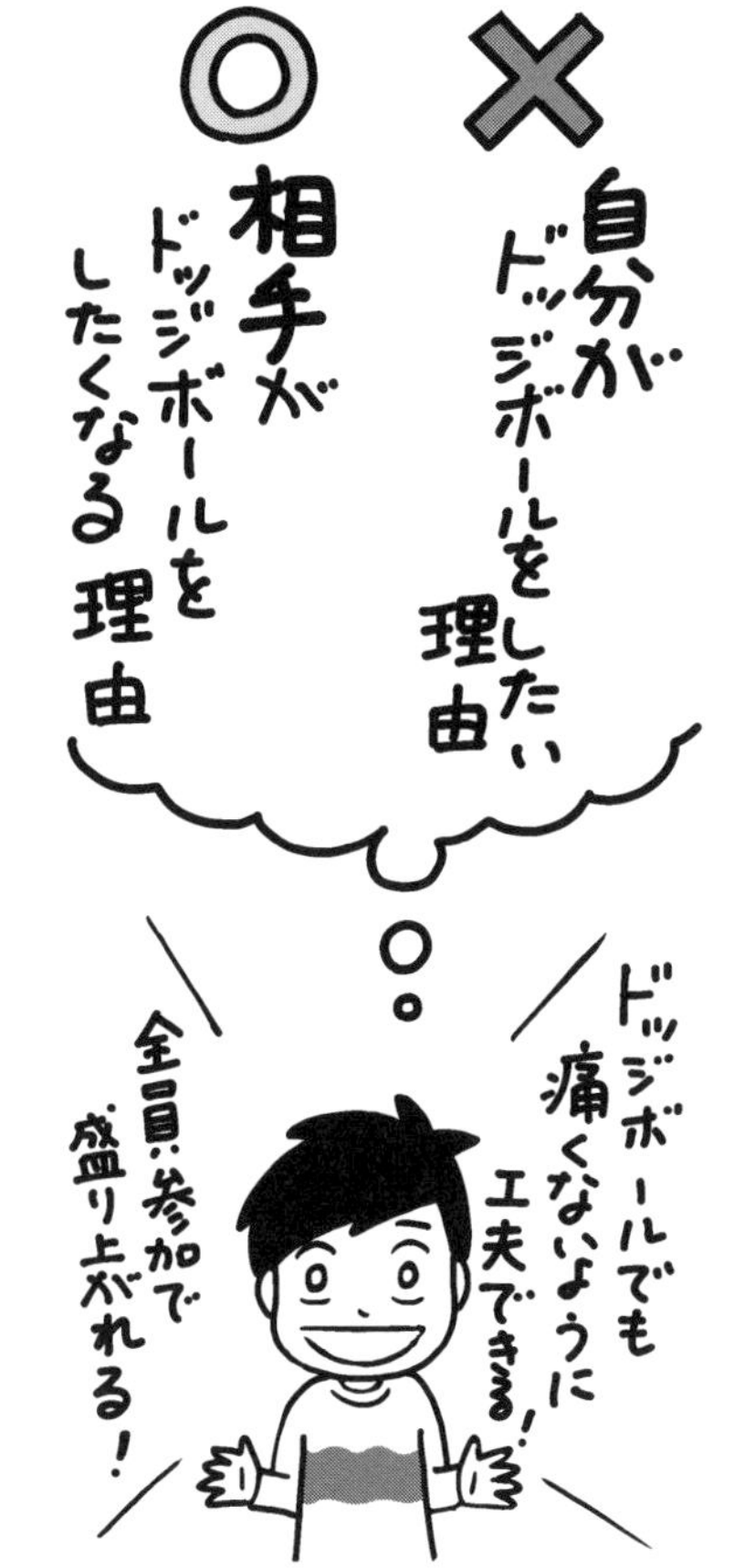

目的や相手を考えて理由を言わせる
※教師の例を見せるのも1つの手

8 根拠と理由、意見を区別しよう

根拠と理由、意見はそれぞれ別物です。それを区別できるようになると、自分とは違う相手の思考プロセスが理解できるようになり、批判的な思考力を育成できます。では実際、「根拠」と「理由」、「意見」はそれぞれどう違うのでしょうか。

◆根拠と理由と意見を区別する

例えば、動物園のゾウの平均寿命は、野生のゾウの平均寿命の半分という情報があります。動物園反対派は、これを「根拠」とします。この根拠から、人間の娯楽のために動物を早く死なせてしまうのは人間の身勝手だと考えます。これが「理由」です。ここから、動物園が必要ないという「意見」をもつことになります。高学年くらいからは、この3つの峻別が必要です。

根拠、理由、意見を区別して話したり聞いたりすることで、論理的に話したり書いたりできるようになります。またこのように**根拠、理由、意見を区別して話し合うと、自分とは違う考え方をする人の思考プロセスも理解できる**ようになります。

例えば、動物園反対派は、平均寿命が短くなったという事実を根拠にして、動物園のせいで動物が死んでしまっているという理由で、動物園反対という意見をもちます。しかし寿命が短くなったのは肥満と運動不足が原因という根拠から、それを解決すれば大丈夫ではないかと理由を捉え直せば、賛成派は反対派にも納得してもらえるよい意見を言うことができるようになります。

◆相手の思考プロセスを理解する

よく相手の立場に立ってものごとを考えると言われますが、具体的には相手の思考プロセスを理解することだと思います。まずは相手が何を根拠にしていて、そこから何を理由にしていて、今の意見をもつに至ったのかを理解することが大事です。そしてその上で理由が違うのか、根拠がそもそも違うのかを考えると、**相手とどこまでは共通で、どこからが違うのかがわかり、合意形成の大きな前提とすること**ができます。

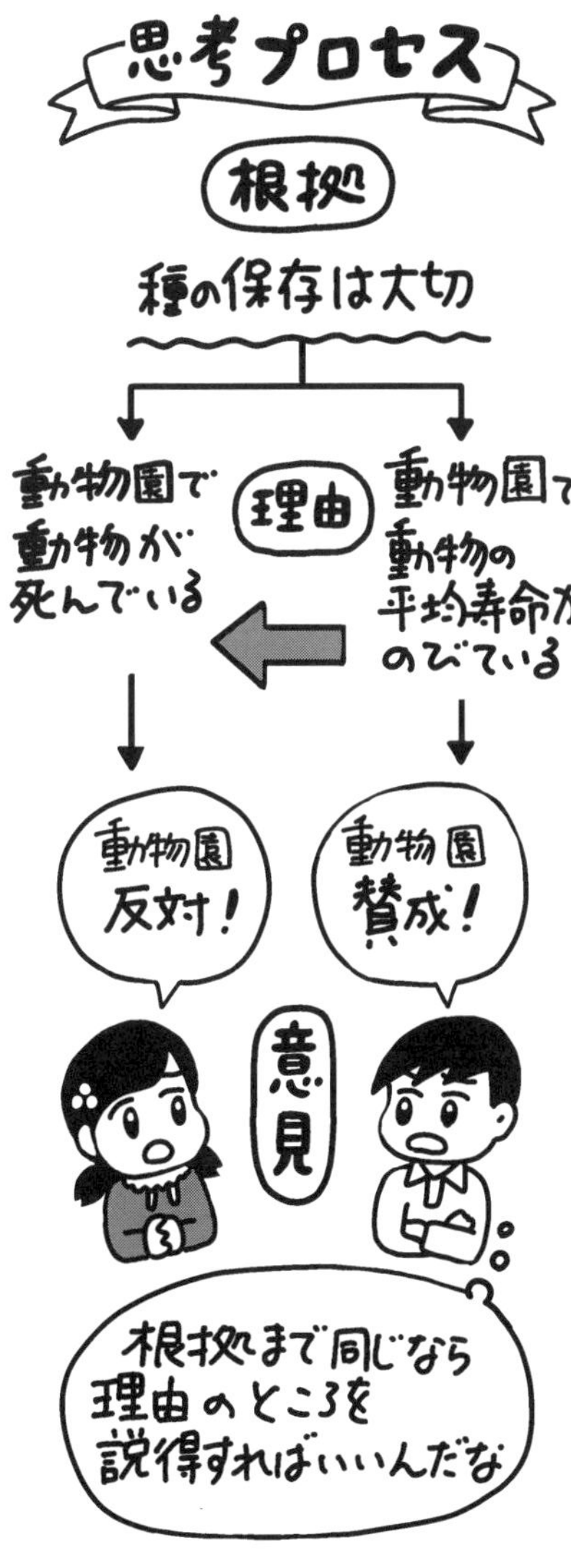

相手の思考プロセスを理解する

9 事例を使って確認しよう

事例は重要ではないから読み飛ばしてもよい、まとめの段落だけしっかり読めばいいとよく言われます。しかしそれは本当でしょうか。事例は文章の中で大きな役割を果たしているはずなのですが、では実際、事例の役割とは何でしょうか。

◆事例で自分の理解を確認する

人間は文章を読むときに、使われている言葉と自分の経験等を結びつけ、言葉にイメージをもたせて内容を理解しようとします。しかし、**自分が言葉にもつイメージは、筆者の伝えたかったこととは異なっている場合があります**。

そこで文中の事例をもとに、自分のイメージが正しいかどうか確認するくせをつけます。例えば「時計の時間と心の時間」（光村図書『国語六』令和2年度版）に「このようなことが起こるのは、時間を気にすることに、時間を長く感じさせる効果があるためだと考えられています。」という文があります。この文を読んで「あと何時間遊べるか気にすると、時間を長く感じるのか」と解釈したとします。しかし、実体験からすると逆のようにも思います。

ここで次に書かれている事例を読んで確認します。「例えば、あなたがゲームに夢中になっているときには、集中しているので、時間を気にする回数が減ります。すると、時間はあっというまに過ぎるように感じます。」。ここから、体感時間そのものではなく「時間の長さを気にする回数」によって、体感時間の速度が変わることを筆者は伝えているのだと、自分の解釈とのずれに気づき修正できるようになるのです。

◆ずれから批判的思考へ

事例を読んで、自分の解釈とあまりに違う場合は、批判的思考につなげられます。つまり、筆者の言葉の使い方が一方的、または強引ではないか、と考えられるのです。そう意見を言った子どもはぜひ「よく考えられたね」とほめてあげましょう。自分のイメージと筆者の事例を比較し、その情報を鵜呑みにするのではなく、**自分の経験と結びつけて検討する習慣**を身につけさせましょう。

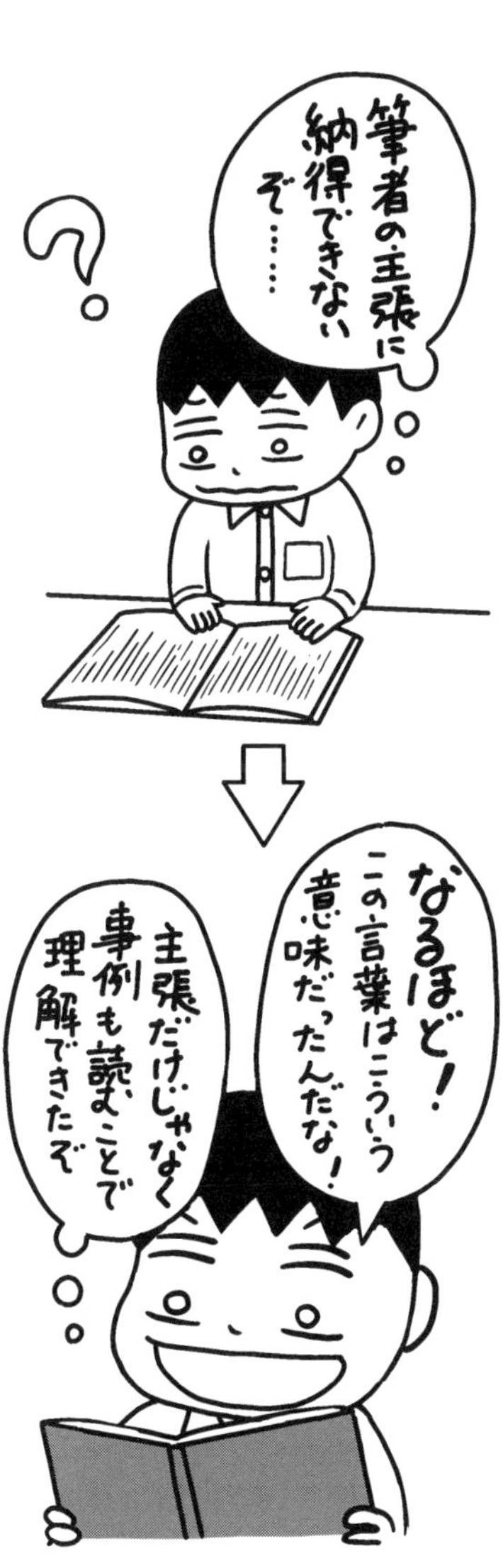
筆者の主張に納得できないぞ……
?
なるほど！この言葉はこういう意味だったんだな！
主張だけじゃなく事例も読むことで理解できたぞ

事例で自分のイメージを修正する

10

言い切らないように言葉を使おう

子どもの多くは、身の回りの言葉が事実や知識であると思いこんでいるようです。しかしそれらは、一つの意見や情報に過ぎません。自分が確かめたことではない場合は、引用や伝聞、推定などの言葉を使うのが、批判的思考の育成で重要です。

◆「……のようです」、「……だそうです」を使う

例えばテレビでたまねぎが健康にいいというニュースを聞いたとします。多くの子どもは「たまねぎは健康にいいよ」と言っていないでしょうか。しかし、健康にいいかどうかは自分が確かめたわけではありません。そこは「たまねぎは健康にいいそうだよ」と伝聞であることをしっかりと示し、根拠を自分がもっていないことを明示する必要があります。

また下を向いて歩いている子を見て「あの子、元気ないよ」と言っていないでしょうか。実際に元気がないかどうかは本人に聞いてみないとわかりません。そういうときは「元気がないようだね」「元気がなさそうだね」と推定の言葉を使って、これは自分の判断であって正しいかどうかはわからないと、相手に伝わるように言葉を使う態度を身につけましょう。

こうした言葉の使い方は、**物事を決めつけずに一歩引いて本当かどうか慎重に判断している思考**を示します。これは批判的な思考を育成する上で絶対に必要な態度です。

◆説明的文章から学ぶ

では、そのような態度はどこから学ぶことができるのでしょう。

引用や伝聞、推定などの言葉を用いて、身の回りの情報を鵜呑みにしない態度を強く持っている人は科学者です。科学者は、本当にそれでいいのか、繰り返し実験して検証をしています。教科書には科学者が書いた文章が多くあるので、**筆者がどのように事実と向き合っているか検証しながら読んでいく活動**もよいでしょう。

TVで見たんだけど
たまねぎって健康にいいらしいよ！
へえ〜
これは自分で確かめたことじゃないから、「〜らしい」を使おう！

事実に対して批判的な態度をとる

授業例❹ 1年生に読み聞かせる本を話し合おう

4章では、批判的思考という情報があふれる社会を生きていく上で必要不可欠な資質・能力の育成について説明しました。批判的思考は国語科だけではなく、すべての教科で必要です。それを育てる実践例をここでは紹介します。

実践概要
立場を明確にして話し合う。

目的設定
話し合いには目的が必要。

批判的思考力を育成するには、多様な他者と学び合える話し合いが必要です。そのためには立場を明確にした話し合いが有効と考えます。

批判的思考というと、子どもたちは相手に文句を言うことだと思いがちです。しかし実際は、一つのことを多面的に分析し、対象をしっかりと理解して、判断することです。その前提に立って、単元の流れを考えていきましょう。

❶話し合う必然性を設定する

・目的を確認する
・ゴールを明確にする
・話し合いのルールを確認する

いきなり、教師に○○について話し合おうと言われても、子どもは話し合う気にはなかなかなりません。話し合いには目的が必要です。例えば高学年がお世話している1年生に読み聞かせをする本を選ぶとします。子どもにとって、1年生に読み

学習活動

明確にする説得力をもたせて話す。

ポイント

まずは一度受け入れよう。多面的に考えて意見を言うには一度受け入れることが重要。

聞かせをするという目的はとても魅力的ですから、一生懸命話し合うはずです。

❷論理的に話す

・根拠、理由、意見を述べる。

A「ぼくは『三びきのやぎのがらがらどん』がいいと思います。なぜかと言うと弟が幼稚園で大好きだったと言っていて、1年生もどきどきして喜んでくれると思ったからです」

A君は「言っていて」と伝聞であることを示しています。

このような論理的な話し方をすると聞き手も話し手の思考プロセスが明確にわかるので、意見を言いやすくなります。

❸批判的に聞いて意見を言う

・「確かに」で一度受けてから自分の意見を言う。

B「確かにA君が言うように『三びきのやぎのがらがらどん』は幼稚園でよく読み聞かせされていると聞いているし、どきどきするお話でとてもいいと思います。しかし1年生は幼稚園のときに聞いた話を聞いて嬉しいと思うかなぁ」

B君のように一度受けてから自分の意見を言うと相手も受け入れやすいと考えます。

まとめ

さまざまな意見が出るテーマで話し合う①
わー
本日の議題
1年生に読み聞かせする本を決めよう！
おー
話し合いのポイントを理解する②
発表するときは、根拠と理由と意見をハッキリさせよう
「三びきのやぎのからがらどん」がいいなぁ…
反対するときは「確かに」を忘れないでね！
根拠・理由・意見を分けて話す③
意見 ぼくは「三びきのやぎのがらがらどん」がいいと思います！
根拠 なぜかというと、弟が幼稚園で大好きだったからです。
理由 1年生も、ドキドキしてよろこんでくれると思います。
違う立場も考えて話す④
相手 確かに、、そのお話は幼稚園でよく読み聞かせされているそうだし、ドキドキできるとてもいい話だと思います。
自分 でも、、1年生は幼稚園のときにも聞いた話をもう一度聞きたいかなぁ。

5章

言葉を使いたくなる授業

いくら言葉の学習をして、上手に使えるようになっても、二度と使いたくないと子どもに思われてしまっては意味がありません。子ども自身がもっと話したい、聞きたい、書きたい、読みたい、と思うように授業を工夫していく必要があります。

1 相手に読んで返事をしてもらおう

作文を書いても、先生が読んで間違った漢字を修正されるだけだったとき、子どもはまた作文を書きたいと思うでしょうか。書くことはもともとコミュニケーションで、相手や目的があります。では作文を書いたら、どうすればよいのでしょうか。

◆相手に読んでもらう

最も大事なことは、書く相手や伝えたい相手をきちんと設定して、その相手に読んでもらうことです。

書くことはコミュニケーションなので、相手に読んでもらいわかってもらって初めて意味をもちます。相手に作文を渡し、それで喜んでくれた。または自分が書いたことを読んで役に立った、嬉しかったと思ってくれる。そのような経験をした子どもは、また書きたい、伝えたいと思うのではないでしょうか。

そのような積み重ねこそが、**子どもが「書くこと」について有用感を育てていくことができる**のです。

◆返事をもらう

読んでもらっても相手から反応がなければ、書いてよかった、また書きたいとはならないでしょう。そこで、読み手からの反応、最もわかりやすい例で言えば返事をもらうことが大切です。手紙を書いて、返事、しかも前向きな返事があれば、書いてよかった、また書きたいという気持ちが出てくるのではないでしょうか。

返事と同様にわかりやすいものに、コメントやシールといった手段があります。友達の作文を読んで、コメントを付箋に書いて渡したり、自分が気に入った文章にシールを貼ったりして、**読み手からの反応が書き手にきちんと伝わるようにしておく**ことが重要です。

おかあさん
返事がきた！
相手が読んでくれて良かった！また書こう……！

「実際に読まれる」までが「書くこと」に含まれる

2 いいコメントでしめくくろう

作文を書いて読んでもらったとして、その返事のコメントがアドバイスばかりだったら子どもはどう思うでしょうか。一生懸命書いたのに、こうしたほうがよかったというコメントばかりでは、書いてよかった、また書きたいとはならないでしょう。

◆最後はほめてもらおう

単元の最後に文章を書き終わって読んでもらう場合は、いいところを見つけてほめるだけで十分です。中には最後にアドバイスをもらって逆にやる気を出すというプロスポーツ選手のようなメンタリティをもっている人もいますが、小学生にそれを求めるのは酷なものです。やはり最後は、自分の作文のよいところをほめてもらって嬉しい気持ちになり、書いてよかった、また書きたいと思うことが大切ではないでしょうか。

特に**自分でも気が付かなかった自分の作文のよいところをほめてもらって自分のよさを広げる**ことは、子どもの書く態度を前向きにするので、書く意欲を高める上でとても重要になります。

◆他者のよさを自分のものに

ほめてばかりでは文章がよくならないと心配される方もいるかもしれません。しかし、友達のよさを見つけると、それは自分がもっていないよさであることに気づきます。例えば、友達が事例を使って説明していたのがわかりやすかったとしたら、今度は友達のよさだった事例を使って自分も文章を書いてみようと子どもは思うでしょう。

お互いにマイナスを指摘し合うアドバイスのし合いと、プラスを指摘し合うほめ合いを比較すると、どちらも次への作文の観点を見つけるという点では有効ですが、**学ぶ意欲を引き出すという点ではほめ合いのほうが優れています**。ぜひ単元の最後の読み合いでは、お互いよいところを見つけ合う「ほめ合い」のような活動にしてください。

見つけた相手のよさは、
自分のよさにつながる

3 生活がよくなる活動にしよう

話し合って何かが決まったとしても、その成果が生活に表れないようでは子どもたちは話し合いの意義を感じられません。せっかく話し合ったからには、その結論によって生活がよりよくなることが重要です。

◆話し合いは生活の問題を解決するためにある

本来話し合いとは、生活上の問題について、様々な角度から検討して結論を出し、生活をよりよくするものです。しかし学校では、「話し合う力」を育てることが目標なので、本質を忘れた話し合いだけして終わってしまう授業も散見されます。

例えば、クラスの座席を自由にするか決まった席にするか話し合って、自由なほうがよいとなったとします。にもかかわらず、席替えで自由席にならなければ、その話し合いをした意味がなくなり、子どもの話し合いたいという気持ちを育てることはできません。話し合った結果の通り実行すると最初に子どもに伝え、真剣に話し合うように伝えれば、**子どももメリット・デメリットをきちんと考え、現実に起きてもいいような結論にする**はずです。子どもを信用して話し合いを任せることはとても重要です。

◆広げる話し合いも重要

意見をまとめる話し合いと同じように、広げる話し合いも重要です。意見を決めるには、まず意見の幅を広げなければなりません。

例えば、先ほどの話し合いであれば、指定席か自由席かの他にも、くじ引き、班は指定だが班の中は自由というような、いろいろな席替えの種類があります。話し合いで議論を広げ席替えの種類の選択肢を増やしておけば、よりよい選択ができるようになります。

十分に議論を広げると、既存の選択肢より優れたアイデアが出てきます。広げる話し合いで生活がよりよくなったという実感を子どもにもたせることが重要です。

子どもに任せると案外妥当な判断をするもの

4 調べ学習を取り入れよう

子どもたちが夢中になって文章を読み、読んでよかった、もっと読みたい、と思うのはどういうときでしょうか。それは、何か気になることがあり、それについて知りたいと強く思い、夢中になって調べているときです。

◆興味があることをついて調べる

筆者は、国語科の中に調べ学習を取り入れる、いやむしろ調べ学習の中に国語科の能力の育成を取り入れることが重要だと考えています。

例えば、ある子どもが飼っているウーパールーパーが、浮いてしまって沈まなくなったとします。子どもはなぜウーパールーパーが浮いたのか、浮いたのは病気なのか、浮いて大丈夫なのか、どうしたら沈むのか、など気になることがたくさんできるはずです。それについて子どもは一生懸命調べるはずです。

調べるということは、本を読む、インターネットで調べる、わからない言葉があれば辞書で調べるなど、主体的に読むという活動を繰り広げることです。解決したい問題があり、それを解決するために調べているので、子どもたちの意欲を刺激します。調べるという活動は、主体的に読む活動そのものと言えるでしょう。

◆調べてよかった

いろいろ調べているうちに、ウーパールーパーが浮く原因は、人工飼料が発酵してお腹の中にガスがたまるからだとわかりました。対応としては、えさとしてアカムシをあげるとよいそうです。原因と解決策がわかってその通り実行して、ウーパールーパーが治ったとします。その子どもは**読むことによって問題を解決できたので、読んでよかった、また読みたいと思う**はずです。

子ども自身が読むことで生活の問題の多くが解決できること、読むことの大切さを実感するような学習を展開していくことが重要なのです。

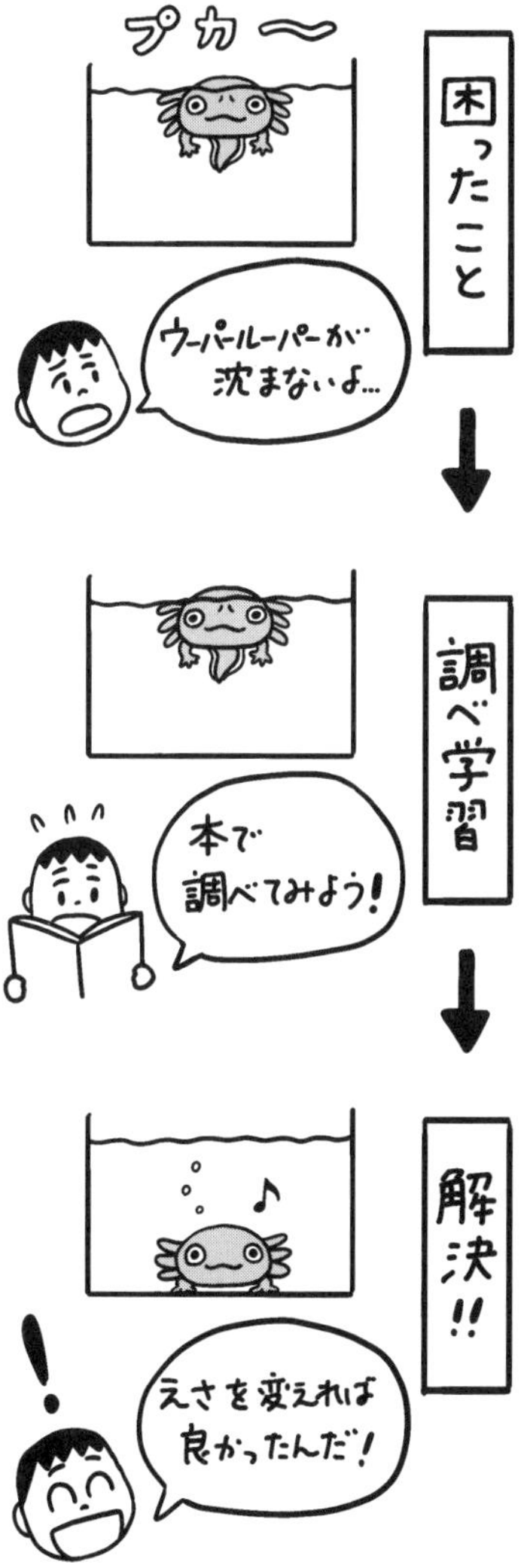

「調べよう」として読むことはとても重要

5 楽しい活動にしよう

活動自体を楽しいものにすることはとても重要です。目的や相手意識で主体的にすることも重要ですが、低学年では特に活動自体の楽しさで惹きつけ、そこから国語科の楽しさへとつなげましょう。

◆活動の楽しさから教科の楽しさへ

例えば説明書を書く活動で、何の説明書にするかはいろいろありますが、筆者はおもちゃの説明書が一番よいと思います。なぜなら、おもちゃの説明書を書くためには、実際におもちゃを作って遊ばなくてはいけません。これは子どもにとっては、国語の授業なのにおもちゃを作れてとても楽しい、という授業になります。

子どもたちはおもちゃを作って遊ぶことで、「国語の授業なのにおもちゃで遊べて楽しい」と言うことでしょう。おもちゃを作って楽しい思いをした子どもたちはそれを友達にも伝えたいと思うことでしょう。また、説明書を読んでもらっておもちゃを作ってもらえたら、友達と一緒に遊ぶことができます。**最初はおもちゃ作りやおもちゃで遊ぶことが楽しいというだけだったのが、相手に伝わって嬉しいという気持ちも生まれ、国語科の学習の楽しさへつながっていきます。**

◆子どもの遊びから授業をつくる

しかし、おもちゃの説明書ばかりで授業をつくるわけにもいきません。楽しい授業とは、どのようにつくればいいのでしょうか。

まずは、**子どもの生活を観察してみましょう**。子どもがおもちゃで遊んでいたり、クイズを出し合っていたり、ごっこ遊びをしていたり、動物に触れ合っていたり、手紙を書いていたりと、いろいろな方法で楽しんでいるのが見られます。ここから活動をつくり出すのです。例えばクイズ大会、音読劇、動物の説明文の作文、手紙を書いて交換、などがよいでしょう。このように、遊びから活動をつくり出すことができるのです。

子どもの遊びから授業をつくる

6 読書につなげよう

筆者は、小学校国語科で文学的文章を扱う理由は、子どもが読書を好きになるためだと考えています。教科書を読んで、その登場人物の気持ちがわかったとしても、面倒くさくてもう読みたくないと子どもが思ってしまっては意味がありません。

◆読書の楽しみポイントを広げる

物語を読んで、登場人物の性格や人物像、特性や行動、心情の変化、場面の変化、情景描写、構成や表現などに着目して読むことは、読書の楽しみポイントを広げることです。

例えば、「スイミー」（光村図書『国語二上』令和2年度版）で、登場人物の特性に着目して「スイミーは泳ぐのが速いから好き」と言っていた子がいたとします。その子の隣に「くらげやエビ、うなぎなどの場面の様子がきれいでいい」と言った子がいて、2人で交流したとします。

このようにお互いに、**自分のもっていなかった「読書を楽しむポイント」をもっている同士で交流する**ことで、自分の読書を楽しむポイントを広げることができます。

◆楽しみポイントから読書好きへ

楽しむポイントが増えた子どもは、読書を楽しむ機会が増えます。登場人物の特性にしか注目できない子どもと、登場人物の特性と場面の様子の両方で楽しめる子どもと、どちらが読書を好きになるかは言うまでもありません。

読書を楽しむポイントを増やすと、読書が好きになり、読書が好きになるとどんどん本を読み、考え方を深めたり、広げたりすることができるようになります。またお互いに本を推せんし合うのも有効です。自分が気づかなかったよさを友達から知り、それを新たな楽しみポイントにすることができ、ますます読書好きになります。

学校の授業で終わりにするのではなく、もっと本を読みたいという読書好きな子どもを育てていきましょう。

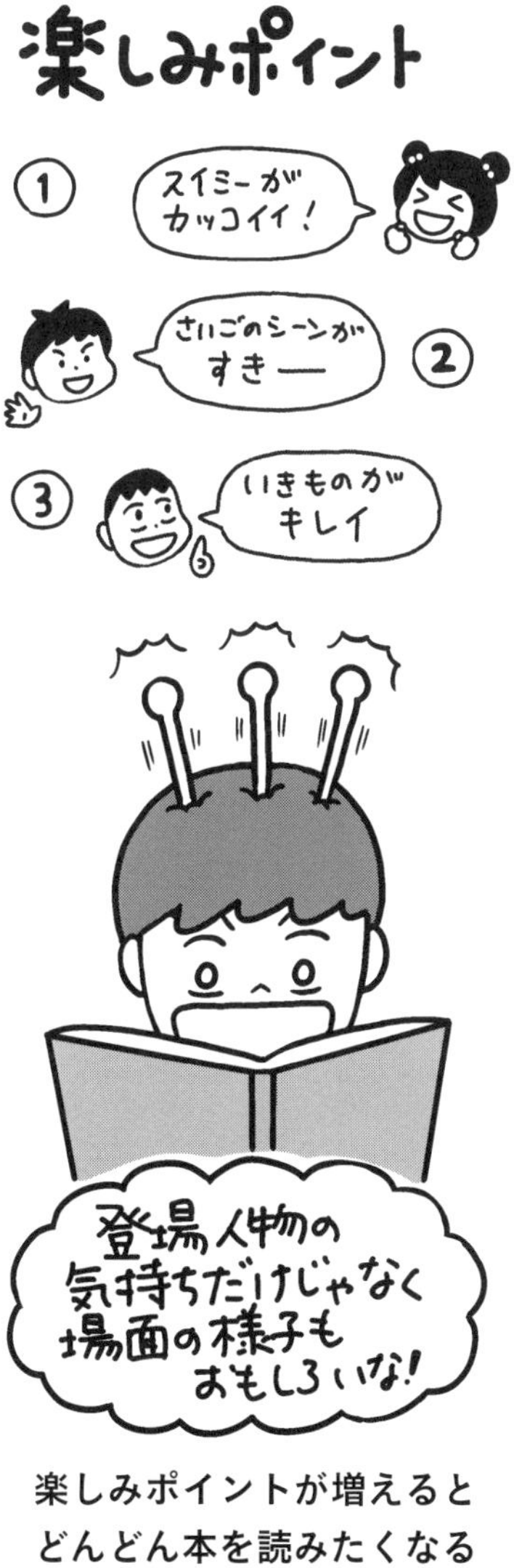

楽しみポイントが増えると
どんどん本を読みたくなる

7 自ら本を手に取る子どもを育てよう

いくら楽しむポイントを増やしても、自ら本を取る態度、おもしろそうな本を見つける力をつけないとどんどん読書をする子どもに育ちません。それではどのようにすれば自ら本を手に取り、読書をする子どもに育てることができるでしょうか。

◆選書力とは

読者の先生方のクラスに、読書をするために図書室にいるのに、なかなか本を選べずにずっとふらふらしている子どもはいないでしょうか。そういう子どもは本を選ぶ力、選書力がないと考えられます。

筆者がアメリカに行って学校を視察したときに、1年生から本を手に取る力を育てようとしていたのに驚きました。IPick（私は本を手に取る）と書いたしおりを持っていて、Purpose（目的）、Interest（興味）、Comprehension（内容を理解できるか）、Knowledge（知識・単語を知っているか）の4つの観点で本を選ぶよう指導されていました。この観点をそのまま日本の読書に活用すべきとは思いませんが、**本を手に取る力を育成することが小さいうちから徹底されていると、格段に読書量が上がります**。

◆選書力を育てる

それではどのようにして本を選ぶ力を育てればよいのでしょうか。大事なことは「**本に出合う機会を増やしておくこと**」です。

お互いに本を紹介する活動を行ったり、先生が読み聞かせをしたり、おすすめの本コーナーをつくるなどして様々な本との出合いを増やしておきましょう。機会が増えれば興味をもつ可能性のある本との出合いが増えます。また、おもしろいと思った本と同じ作者の本を読む、同じテーマの本を読むなど自分のお気に入りをつくる方法や、逆に今まで読んだことのないジャンルの本に挑戦して読書の範囲を広げる方法もあります。子どもたちに、幅広くいろいろな本と出合わせましょう。

「気づく力」を身につけ
本棚から本を選び取る力を育てる

8 文字のおもしろさに気づかせよう

話すこと、聞くこと、書くこと、読むことの意欲を広げる方法をここまで説明してきました。最後に言葉そのものに対する興味・関心を広げる方法について説明します。

◆文字の成り立ちに気づかせる

言葉はコミュニケーションのツールですが、それ自身が時間をかけて受け継がれた文化遺産でもあります。**文字や言葉は最初からあるわけではなく、先人が少しずつ形を変えてつくり出してきたものだと子どもが知ると、言葉に対して興味をもち始めます**。

例えば漢字の指導がそうです。漢字をただたくさん書いて覚えるだけでは、字に対して興味をもつことは難しいでしょう。漢字は中国でつくられ、山や川のような象形文字、上や下などの指示文字などがあります。また漢字の読み方にも様々なものがあり、入ってきた時代によって漢音、呉音、唐音と発音が変わってきますし、音読みと訓読みの違いもあります。自分が学んだ漢字にはそれぞれ成り立ちがあり、その成り立ちを知ると漢字に対して興味をもつことができるようになるでしょう。

◆仮名文字の成り立ちを理解する

平仮名、片仮名といった仮名文字も当然成り立ちがあります。最近の子どもは仮名文字が漢字からできたことを知らない子も多くいます。漢字の成り立ちを知ると、子どもは仮名文字についても興味をもつでしょう。

仮名文字には、発音を示す表音文字という特性があり、意味を示す表意文字の漢字とは違う特性をもっています。日本語の4種類目の文字であるアルファベットの特性と関連させながら、表音文字と表意文字の特性（表音文字は発音しやすいが意味がわかりにくい。表意文字は意味がわかりやすいが、発音しにくい）に気づかせ、**文字の特徴について興味をもたせていくことも重要**です。

文字自体に興味をもたせたい

9 言葉の変遷に気づかせよう

言葉そのものも変化してきています。例えば、「あたま」は赤ちゃんのときの頭蓋骨の穴の部分のことでしたが、そのうち頭頂を、最後には頭部全体を指すようになりました。このような言葉の変遷を通し、言葉そのものへの興味をもたせましょう。

◆地名に注目する

昔から受け継がれている有名な言葉に「地名」があります。地名には、その地域の歴史や文化が色濃く反映されています。

例えば筆者が勤務している東京都小金井市の小金井は、黄金のように井戸水が豊かに出ることを意味していたと言われています。自分たちが住んでいる地域の地名の由来を調べることは、子どもにとって地域の伝統を知り、受け継ぐことを意味するので、子どもにとって興味深い活動になります。先ほどの例であれば、子どもも「だから小金井っていうんだ」と驚きながらも楽しんで言葉集めをするでしょう。

また、地名に関連して、昔話や神話についても子どもに興味をもたせましょう。これらが普通の物語と違うのは、その物語が長く受け継がれ、地域や国の文化として位置づけられているとともに、**謎を解くことで昔の日本の様子を想像することができる**ことです。

◆昔話・神話へ興味をもつ

例えば、「いなばの　白うさぎ」（光村図書『国語二上』令和2年度版）を読んでいると、「わに」という言葉が出てきます。何も考えなければ爬虫類のワニをイメージしますが、日本海にはワニはいません。子どもに想像させたところ、「サメ」「ワニ」「得体のしれない化け物」といろいろ出てきました。**大事なのは答えを出すことではなく、昔の世界を想像し、興味をもつこと**です。

また昔話も、方言と結びついていて音読するとおもしろく読むことができます。このように授業の工夫を行うことで子どもに昔の言葉、話に興味をもたせることができます。

ワニ？
ワニ？
「いなばの白うさぎ」の「ワニ」はワニ？サメ？

今と昔の言葉の違いに気づく

10 言葉の違いに興味をもたせよう

日本語にはたくさんの言葉があり、それぞれ微妙に違っています。その違いについて調べていると子どもは言葉に興味をもつようになります。言葉の違いに興味がもてるようになると、文章を書く際の推敲の力を鍛えることにもつながります。

◆「閉じる」「閉める」の違い

例えば、「閉じる」と「閉める」はどう違うのでしょうか。門は「閉じる」「閉める」の両方が使えそうですが、傘や本は「閉じる」、鍵やカーテンは「閉める」しか使えないように感じます（地域によっても違うかもしれませんが…）。また、「おにぎり」と「おむすび」は、地域によって片方しか使わないところもあるそうですし、両方使っていて意味が同じところ、両方使っているが意味が違うところもあるそうです。

このような言葉の微妙な違いを知ることは、伝えたいことを正確に伝えるのに有効なだけではなく、言葉自体への子どもの興味関心を広げることもできます。**子どもたちにクイズを出して、「言葉っておもしろい」と思わせることができれば大成功**です。毎日1問ずつ出すなどして子どもの興味関心を育成していきましょう。

◆和語・漢語・外来語

「くだもの」「果実」「フルーツ」の違いを、読者の方はどのように感じるでしょうか。筆者は、くだものはお皿の上にのっている状態、果実は木になっている状態、フルーツは高級な店で出されるイメージでしょうか。このイメージは年齢や地域、人によって異なるそうです。日本語は外国語由来の言葉に漢字をあてて言葉をつくり出したり（教育、法律など）、外国語の発音をもとに片仮名で外来語として表現したり（カッター、テープなど）しています。また外来語も料理関係はフランス語、医療関係はドイツ語といったように、入って来た国と領域が関連しています。このようなことを知ることでも、子どもは言葉への興味をふくらませるはずです。

言葉の微妙な違いに気づけると
書くときも使い分けられるようになる

授業例❺ 生き物ガイドブックを書こう

5章では言葉を使いたくなる工夫について説明してきました。力をつけても子どもがもっと話したい、聞きたい、書きたい、読みたい、と思わなければ意味がありません。むしろ逆効果になります。それではどんな授業をすればいいのでしょうか。

実践概要
生き物ガイドブックを書く。

目的設定
話し合いには目的が必要。

言葉を使いたいと思わせるには、読み手や目的を明確にして書く学習をするのが効果的です。

例えば2年生が、自分がお世話をした動物を1年生が触れ合えるようにガイドブックを作るとします。生き物のガイドブックを書くときには、1年生が触れ合えるように書くので読み手や目的が明確です。子どもたちは自分の好きな動物を紹介するので活動自体も楽しいですし、放っておいても夢中になって活動することでしょう。

この活動のよいところは、書き終わった後に達成感を得られることです。自分が書いたガイドブックを1年生が読んで苦手な生き物に触れ合ってくれた、そして苦手だったけど好きになったとお礼を言ってくれたとします。こんなことを経験したら子どもは自分の書いた文章が1年生の役に立った、相手が喜んでくれたと、書いた喜びにあふれることでしょう。そして書いてよかった、また書きたいと思うはずです。確かに書いているときにはうまく行かずに大変だったこともあるでしょう。しかし最後にいい思いができればそれもすべて達成感となるのです。

学習活動
触れ合って楽しみながら書く。

ポイント
感想をもらってからの振り返り、自分が書いた文章が誰かの役に立ったという実感が、また書きたい気持ちにつながる。

❶調べて書く

・自分がお世話している動物で書きたいことを挙げる。
・わからないことがあれば調べる。
調べるために読む活動はそれ自体を楽しいものです。またこうした調べる活動において、知的好奇心をくすぐられることも重要でしょう。自分が知らなかったことを知ることができてよかった、また図鑑などを使って調べたい、と子どもが思えば大成功です。

❷調べたことをもとにガイドブックを書く

・実際に動物に触れ合いながら文章を書く。
・わからなくなったらその場で触れたり、調べたりして書く。
・その動物が苦手な人にも意見を聞いて書く。

❸1年生に触れ合ってもらう

・触れ合ってもらって感想をもらう。
・振り返りをする。

まとめ

楽しいゴールを設定する
①
ガイドブック
生き物
1年生
目的
1年生が生き物とふれ合えるようにするガイドブックを作ります！
たのしそう…！
書きたい！
調べ学習をする
②
普段から世話をしている様子
新しく調べて学んだこと
ガイドブック
読み手の意見を聞く
③
カメってかむんだよね？
こわいよ～
ガイドブック
なるほど!! いろんな意見を聞くと文をどうすればいいかがわかってくるなあ…
④
カメって思ったよりこわくない！かわいいね！
ありがとう!!
書いてよかったなまた書きたい!!
うれしい!!

おわりに

この本は、国語学力を捉え直し、現代に必要な資質・能力に再定義することを目的として書かれた本です。どうしても教師は「正しい書き方、読み方をさせよう」「誰の力も借りず、独力で書かせよう、読ませよう」などと旧来の学力で子どもの能力を捉えようとしてしまいますが、そのような能力では子どもが大人になったときに対応できなくなってしまいます。変化の激しい現代で大切なのは、変化に対応できる思考力や、道具を用いたり、仲間と協力したりしながら問題解決できる能力です。早急に能力観を変えていくことが求められます。

そのため、できるだけ読者の方がイメージしやすいよう具体例を多く示したつもりです。まずは気軽に読んでいただき、読者のもっている学力観と比較してください。きっとすぐに納得できる部分となかなか納得できない部分があるはずです。その際は、納得できないもやもやした部分を大切にして子どもの前に立って授業をしてください。現代に必要な学習とは何か、子どもたちの笑顔が教えてくれるはずです。

この本に挙げている事例には、筆者が研究授業で見せていただいたもの、大学院生と一緒に考えたものが多く含まれています。私にアイデアをくださった方々に心より感謝申し上げます。

最後に、この本の企画から完成までいろいろなところで助けてくださり、そして温かく励ましてくれた学陽書房の松倉めぐみさんに感謝し、筆を置くこととします。

令和2年6月吉日

細川　太輔

●著者紹介

細川太輔（ほそかわ　たいすけ）

1978年東京都生まれ。東京学芸大学准教授。東京大学教育学部卒業、東京学芸大学連合大学院修了。教育学博士。私立小学校教諭、東京学芸大学附属小金井小学校教諭、東京学芸大学講師を経て、現職。主な著書に、『主体的・協働的な学びを引き出す学習環境デザイン「こと・もの・ひと」３つの視点でデザインする国語授業アイデア23CASES』（東洋館）、『小学校国語科学び合いの授業で使える！「思考の可視化ツール」』、『ペア＆グループ学習を取り入れた小学校国語科「学び合い」の授業づくり』、『主体的に学習に取り組む態度を育てる！小学校国語科振り返り指導アイデア』（すべて明治図書）など多数。

学び合いで授業をアップデート
AI時代の国語授業のつくり方

2020年７月28日　初版発行

著　者　細川太輔《ほそかわたいすけ》
発行者　佐久間重嘉
発行所　学 陽 書 房

〒102-0072　東京都千代田区飯田橋1-9-3
営業部／電話03-3261-1111　FAX 03-5211-3300
編集部／電話03-3261-1112
http://www.gakuyo.co.jp/
振替　00170-4-84240

イラスト／みずしな孝之
ブックデザイン／スタジオダンク
DTP 制作・印刷／精文堂印刷
製本／東京美術紙工

　ISBN 978-4-313-65398-6 C0037
乱丁・落丁本は、送料小社負担にてお取り替えいたします。